小学生のための ことわざをおぼえる辞典

川嶋　優・編集
五味太郎・絵

旺文社

もくじ

ことわざコラム　五味太郎《ごみたろう》

装丁《そうてい》イラスト　五味太郎《ごみたろう》
装丁《そうてい》デザイン　ももはらるみこ

はじめに

『笑《わら》う門《かど》には福来《ふくきた》る』――これはほんとうです。笑《わら》いの絶《た》えない家庭《かてい》には幸福《こうふく》が訪《おとず》れるという意味《いみ》です。たしかに、「笑《わら》い」は家族《かぞく》みんなの心《こころ》を明《あか》るくします。だから、福《ふく》の神《かみ》がやってくるのです。

このような、人《ひと》としての在《あ》り方《かた》を短《みじか》く語《かた》っていることばを「ことわざ」といいます。日本《にほん》では、このようなことわざが、昔《むかし》からたくさん使《つか》われてきました。日本人《にほんじん》の知恵《ちえ》のかたまりです。

明治以来《めいじいらい》、日本《にほん》は外国《がいこく》に追《お》いつけと、特《とく》にヨーロッパやアメリカの知識《ちしき》を学《まな》ぶことに力《ちから》を注《そそ》いできました。ところが、最近《さいきん》、世界《せかい》で活躍《かつやく》するためには、まず自分自身《じぶんじしん》を、自分《じぶん》の国《くに》をよく知《し》っていなければならないことに気《き》づき、方針《ほうしん》を変《か》えて、小学校《しょうがっこう》から、日本《にほん》の昔《むかし》からの知識《ちしき》を学《まな》ぶことに力《ちから》を入《い》れることにしました。そして、ことわざなどが教科書《きょうかしょ》にたくさん取《と》り入《い》れられるようになりました。ことわざの勉強《べんきょう》が、いちだんとだいじになってきたのです。

その期待《きたい》に応《こた》えるのが、この本《ほん》です。二七〇のことわざを、小学生《しょうがくせい》にもわかるようにやさしく説明《せつめい》しました。さらに、ことばに親《した》しみ、理解《りかい》を深《ふか》めるために、絵《え》も入《い》れました。そのたくさんの絵《え》を描《か》いてくださったのは、日本《にほん》を代表《だいひょう》する絵本作家《えほんさっか》の五味太郎先生《ごみたろうせんせい》です。おかげで、たいへん楽《たの》しい本《ほん》ができあがりました。どうぞ、楽《たの》しくページをめくり、楽《たの》しく読《よ》んで、楽《たの》しく学《まな》んでください。そして、「ことわざ大好《だいす》き。」「ことわざ博士《はかせ》に。」……そんなみなさんになってもらいたいと思《おも》います。

川嶋《かわしま》　優《ゆたか》

ことわざについて

「はじめに」のところでも紹介《しょうかい》したように、『笑《わら》う門《かど》には福《ふく》来《きた》る』はだいじな教《おし》えとして昔《むかし》から語《かた》りつがれてきました。このような「ことわざ」は、いましめや非難《ひなん》なども含《ふく》めて、人《ひと》としての在《あ》り方《かた》をきちんと語《かた》っています。

この本《ほん》には、そのほかにもだいじなことわざがずらりと並《なら》んでいます。特《とく》に自分《じぶん》として気《き》に入《い》っているのはどれか、自《じ》分《ぶん》の目標《もくひょう》としたいのはどれかなど、考《かんが》えながらページをめくっていくとよい勉強《べんきょう》になります。国語《こくご》としてだけでなく、人生《じんせい》の勉強《べんきょう》です。

ことわざは、西洋《せいよう》にもあります。どこの国《くに》でも、人間《にんげん》は同《おな》じようなことを感《かん》じたり考《かんが》えたりするのですね。そこで、下《した》に英語《えいご》のことわざをところどころのせておきました。読《よ》んでみると、同《おな》じことを言《い》っているのにまったくちがうことばで表《あらわ》したり、また日本《にほん》と同《おな》じようなことばづかいをしたりと、なかなかおもしろいことが見《み》つかります。なお「ことわざ」とは「言《こと》ばの業《わざ》」ということで、ことばの特別《とくべつ》な働《はたら》きという意味《いみ》です。

ことわざと似《に》たことばに「慣用句《かんようく》」があります。慣用句《かんようく》は、二《ふた》つ以上《いじょう》のことばを結《むす》んで新《あたら》しい意味《いみ》を作《つく》り、その時《とき》、その場《ば》のようすをわかりやすく表《あらわ》す働《はたら》きをします。

例《たと》えば『首《くび》を長《なが》くする』は、まるで首《くび》を高《たか》く上《うえ》までのばすようにして遠《とお》くを見《み》るようすで、夏休《なつやす》みやクリスマスなどを、まだかまだかと待《ま》ちこがれている気持《きも》ちを表《あらわ》す慣用句《かんようく》です。

歩《ある》いて歩《ある》いてつかれきったとき、『足《あし》が棒《ぼう》になる』ということばを使《つか》ったり、聞《き》いたりしたことはないでしょうか。まるで棒《ぼう》になったように、足《あし》の感覚《かんかく》がなくなるようすを表《あらわ》す慣用《かんよう》句《く》です。

よその人《ひと》からいろいろ注意《ちゅうい》されたり、自分《じぶん》にとって都合《つごう》の悪《わる》いことを言《い》われたりするとき、『耳《みみ》が痛《いた》い』といいます。ほんとうに耳《みみ》の病気《びょうき》で痛《いた》いのではなく、「聞《き》くのがつらい」というようすを表《あらわ》している慣用句《かんようく》です。ぴたりですね。

慣用句《かんようく》には、みなさんが小《ちい》さいときから知《し》らず知《し》らず使《つか》っているものがたくさんあります。そして、これから知《し》っておかなければならないものもたくさんあります。この本《ほん》では、特《とく》に役《やく》に立《た》つ一三〇の慣用句《かんようく》を集《あつ》めて説明《せつめい》しました。しっかり読《よ》んで、「なるほど、そうだったのか。」とその成《な》り立《た》ちを知《し》ったり、また新《あたら》しい慣用句《かんようく》の使《つか》い方《かた》をおぼえたりしましょう。

読《よ》んでいくと、慣用句《かんようく》には、特《とく》にからだの部分《ぶぶん》が多《おお》く使《つか》われていることがわかります。朝《あさ》から晩《ばん》まで、人間《にんげん》は手《て》・足《あし》・目《め》・耳《みみ》・口《くち》……などをしょっちゅう使《つか》っているので、ことばとして使《つか》われることも多《おお》いのです。なお「慣用《かんよう》」とは、世間《せけん》で広《ひろ》く使《つか》い慣《な》らされているという意味《いみ》です。

「四字熟語《よじじゅくご》」ということばもあります。四字熟語《よじじゅくご》は、独立《どくりつ》した四字《よじ》、一字《いちじ》と三字《さんじ》、二字《にじ》と二字《にじ》、三字《さんじ》と一字《いちじ》の漢字《かんじ》の組《く》み合《あ》わせで、一《ひと》つのまとまった意味《いみ》を表《あらわ》していることばです。

この本《ほん》では、『一挙両得《いっきょりょうとく》』『大同小異《だいどうしょうい》』『油断大敵《ゆだんたいてき》』などを紹《しょう》介《かい》しています。そのページを開《ひら》いて、どんな意味《いみ》の漢字《かんじ》がどのように組《く》み合《あ》わさって、どんな特別《とくべつ》な意味《いみ》を表《あらわ》しているか勉強《べんきょう》しましょう。なお、学校《がっこう》の成績《せいせき》がふるわなくて困《こま》っている人《ひと》——だいじょうぶです。『大器晩成《たいきばんせい》』のところを読《よ》んでみましょう。

ちょっと難《むずか》しそうなことばに、「故事成語《こじせいご》」というのがあります。「故事《こじ》」は、昔《むかし》のできごとや言《い》い伝《つた》えです（故《ふる》い事《こと》がらという意味《いみ》です）。「成語《せいご》」はできあがったことばのことで、故事《こじ》がもとになってできたことばが「故事成語《こじせいご》」です。この本《ほん》では、『白眉《はくび》』『四面楚歌《しめんそか》』などがその例《れい》として出《で》ています。

なお、故事《こじ》では中国《ちゅうごく》の歴史《れきし》のことがらが多《おお》く、読《よ》み物《もの》としてもたいへんおもしろいのです。『臥薪嘗胆《がしんしょうたん》』——薪《たきぎ》の上《うえ》に寝《ね》たり、苦《にが》い熊《くま》の肝《きも》をなめたりする——なぜ、そのようなことをするのでしょうか。ちゃんとしたわけがあるのです。このような故事《こじ》は、子《こ》どものとき頭《あたま》に入《い》れておくと、大人《おとな》になっても消《き》えることはありません。また、作文《さくぶん》などで、「よくすいこうしなさい。」と言《い》われることがあるでしょう。この「推《すい》敲《こう》」ということばにも故事《こじ》があるのです。

こうして読《よ》んでいくと、漢字《かんじ》といっしょに、中国《ちゅうごく》からさまざまな文化《ぶんか》がわたしたちの国《くに》に入《はい》ってきたことがわかります。ぜひ、楽《たの》しみながらページをめくっていきましょう。『故《ふる》きを温《たず》ねて新《あたら》しきを知《し》る』——どうぞ、昔《むかし》からの名句《めいく》を学《まな》んで、大《おお》きな未来《みらい》へ羽《は》ばたいていってください。

この辞典《じてん》のきまり

ま

待《ま》てば海路《かいろ》の日和《ひより》あり

今《いま》は天候《てんこう》も風向《かざむ》きも悪《わる》いが、待《ま》っていれば、船旅《ふなたび》にふさわしい日《ひ》がやってくる。

②【意味《いみ》】

たとえ物事《ものごと》がうまくいかなくてもあせらないでじっと待《ま》っていれば、そのうちによい機会《きかい》が訪《おとず》れるという教《おし》え。

▽「海路《かいろ》の日和《ひより》」は、船旅《ふなたび》に適《てき》したよい天気《てんき》。

③【ことばの説明《せつめい》】

ことわざの中《なか》の古《ふる》いことばやむずかしいことばの意味《いみ》の説明《せつめい》。

④【つかってみよう】

つかってみよう

● 「ぼくは勉強《べんきょう》を続《つづ》けているけれど、だれも認《みと》めてくれないので、やりがいがない」

● 「なあに、そのうちには、何《なに》か大《おお》きな賞《しょう》をとるくらいになるかもしれない。**待《ま》てば海路《かいろ》の日和《ひより》あり**だ」

● 「ノーベル賞《しょう》かな?」

● 「うーん、それは、ちょっと大《おお》きすぎる」

⑤【さんこう】

さんこう

「**待《ま》てば甘露《かんろ》の日和《ひより》あり**」(=待《ま》っていれば、天《てん》が甘《あま》い露《つゆ》の降《ふ》るいい日《ひ》をあたえてくれる)からできたことば。

⑥【似《に》た意味《いみ》のことば】【反対《はんたい》の意味《いみ》のことば】

〈似《に》た意味《いみ》のことば〉「**果報《かほう》は寝《ね》て待《ま》て**」(78ページ)

よく似《に》た意味《いみ》のことわざと反対《はんたい》の意味《いみ》のことわざ。

英語《えいご》のことわざ	After a storm comes a calm. あらしのあとには静《しず》けさがおとずれる。

⑦【英語《えいご》のことわざ】

①【見出《みだ》し】

①【見出《みだ》し】ことわざ・慣用《かんよう》句《く》・四字熟語《よじじゅくご》・故事成語《こじせいご》を五十音順《ごじゅうおんじゅん》に二七〇項目収録《こうもくしゅうろく》。

②【意味《いみ》】ことわざの意味《いみ》。赤《あか》い字《じ》の部分《ぶぶん》は中心《ちゅうしん》となる意味《いみ》。

④【つかってみよう】実際《じっさい》の会話《かいわ》の例《れい》。太字《ふとじ》は見出《みだ》しに当《あ》たる部分《ぶぶん》。

⑤【さんこう】見出《みだ》しに関連《かんれん》するいろいろな記事《きじ》。故事成語《こじせいご》のもとになった話《はなし》や書物《しょもつ》など。

⑦【英語《えいご》のことわざ】よく似《に》た意味《いみ》の英語《えいご》のことわざ。

小学生のための
ことわざをおぼえる辞典

あ

相《あい》づちを打《う》つ

刀《かたな》を作《つく》るために、二人《ふたり》が向《む》かい合《あ》って、代《か》わるがわるつちで鉄《てつ》を打《う》つこと。**相手《あいて》の話《はなし》に調子《ちょうし》を合《あ》わせながら、「うんうん」「なるほど」などと受《う》け答《こた》えすること**のたとえ。

▽「つち（槌《つち》）」は物《もの》をたたく道具《どうぐ》で、「相《あい》づち」は代《か》わるがわる相手《あいて》に合《あ》わせてつちを打《う》つこと。

つかってみよう

- 「山田先生《やまだせんせい》っていい先生《せんせい》だね」
- 「そうだね」
- 「やさしいし」
- 「そうだね」
- 「きれいだし」
- 「そうだね」
- 「君《きみ》、さっきから同《おな》じ**相《あい》づちを打《う》って**ばかりいるね」
- 「そうだね」

あ

青《あお》菜《な》に塩《しお》

青《あお》い野《や》菜《さい》に塩《しお》をかけると、しぼんでしまう。
急《きゅう》に元《げん》気《き》がなくなり、しょんぼりしているようすを表《あらわ》すことば。

つかってみよう

- 「どうしたんだ、朝《あさ》から元《げん》気《き》がないな」
- 「・・・・」
- 「まるで**青《あお》菜《な》に塩《しお》**だ。ははあ、うちでしかられたな」
- 「はい」
- 「よおし、元《げん》気《き》出《だ》せ！　一《いち》時《じ》間《かん》めは体《たい》育《いく》だよ。先《せん》生《せい》がはげましてやろう」

さんこう

野《や》菜《さい》に塩《しお》をかけると、水《すい》分《ぶん》を塩《しお》にとられ、野《や》菜《さい》がしおれてしまうことからできたことば。
〈似《に》た意《い》味《み》のことば〉「**なめくじに塩《しお》**」

あ

青《あお》は藍《あい》より出《い》でて藍《あい》よりも青《あお》し

染《そ》め物《もの》などに使《つか》う青色《あおいろ》は、藍《あい》という植物《しょくぶつ》から作《つく》り、できあがった青色《あおいろ》は原料《げんりょう》の藍《あい》よりも青《あお》い。

弟子《でし》が先生《せんせい》よりすぐれた人《ひと》になることのたとえ。

つかってみよう

- 「わたしが教《おし》えたことを、しっかり頭《あたま》に入《い》れ、わたし以上《いじょう》の物知《ものし》り博士《はかせ》になりなさい」
- 「えっ、そんなにえらくなれるんですか？」
- 「なれるとも。**青《あお》は藍《あい》より出《い》でて藍《あい》よりも青《あお》し**だ。そうなったらわたしもうれしい。教《おし》えたかいがある」

さんこう

中国《ちゅうごく》の書物《しょもつ》にあることば。短《みじか》く「**出藍《しゅつらん》の誉《ほま》れ**」ともいう。

英語《えいご》のことわざ	The scholar may be better than the master. 弟子《でし》が師匠《ししょう》をしのぐことがある。

あ

秋《あき》の日《ひ》はつるべ落《お》とし

秋《あき》の夕日《ゆうひ》は、まるで井戸《いど》のつるべがすとんと落《お》ちていくように、早《はや》く沈《しず》んでいく。**秋《あき》の日《ひ》は短《みじか》く、日《ひ》の暮《く》れるのが早《はや》いようす**をたとえたことば。

▽「つるべ」は、綱《つな》やさおに結《むす》びつけて井戸《いど》の水《みず》をくみ上《あ》げる桶《おけ》。

つかってみよう

- 「遊《あそ》びに行《い》ってもいいけれど、五時《ごじ》までには帰《かえ》っていらっしゃい」
- 「えっ！　そんなに早《はや》く？　今《いま》まで六時《ろくじ》だったのに」
- 「もう、九月《くがつ》よ。**秋《あき》の日《ひ》はつるべ落《お》とし**だから、夕方《ゆうがた》六時《ろくじ》にはもう真《ま》っ暗《くら》よ」

あ

悪《あく》事《じ》千《せん》里《り》を走《はし》る

悪《わる》いうわさは、まるで千里《せんり》を走《はし》るように、あっという間《ま》に遠《とお》くまで届《とど》いてしまう。**どんなにかくそうとしても、悪《わる》いことは知《し》れわたってしまうものだ**といういましめのことば。

つかってみよう

- 「ただいま」
- 「あなた、学校《がっこう》でまた道子《みちこ》ちゃんを泣《な》かしたでしょう」
- 「えっ！　お母《かあ》さん、もう知《し》ってるの。どうして？」
- 「**悪《あく》事《じ》千《せん》里《り》を走《はし》る**よ。悪《わる》いことをしたら知《し》られるのも早《はや》いんだから」

さんこう

中国《ちゅうごく》の書物《しょもつ》にあることば。

〈反対《はんたい》の意味《いみ》のことば〉「**好事門《こうじもん》を出《い》でず**」よいことはなかなか世間《せけん》に知《し》れわたらない。

英語《えいご》のことわざ　Bad news travels fast.
悪《わる》い知《し》らせは、速《はや》く伝《つた》わる。

あ

悪銭《あくせん》身《み》につかず

悪《わる》いことをして得《え》たお金《かね》は、すぐに出《で》ていってしまう。

まじめに働《はたら》いて手《て》にしたお金《かね》ではなく、よくないことで手《て》にしたお金《かね》は、結局《けっきょく》むだなことに使《つか》うことが多《おお》く、すぐになくなってしまうものだという教《おし》え。

▽「悪銭《あくせん》」は、悪《わる》いことをして手《て》に入《い》れたお金《かね》。

つかってみよう

●「一億円《いちおくえん》ぬすんだ泥棒《どろぼう》がつかまったね」

●「うん、すごい泥棒《どろぼう》だね。ぬすんだお金《かね》をどこにかくしておいたのだろう」

●「それが、全部《ぜんぶ》遊《あそ》びに使《つか》ってしまって、一円《いちえん》も残《のこ》っていないんだって」

●「えっ！　全部《ぜんぶ》？　**悪銭《あくせん》身《み》につかず**だね」

英語《えいご》のことわざ	Easy come, easy go. 得《え》やすいものは、失《うしな》いやすい。

あ

揚《あ》げ足《あし》を取《と》る

相撲《すもう》で、相手《あいて》のあげた足《あし》を取《と》ってたおす。**相手《あいて》のちょっとした言《い》いまちがいを大《おお》げさにとらえて、やりこめること。**

つかってみよう

- 「お母《かあ》さんは六〇キロあるけれど…」
- 「あれ？　うそだよ。たしか七〇キロのはずだよ」
- 「うるさいわね。いちいち、人《ひと》の**揚《あ》げ足《あし》を取《と》る**ようなことを言《い》わないで」
- 「揚《あ》げ足《あし》？　それは無理《むり》だよ。とても大《おお》きくて、つかめないもの」

さんこう

〈似《に》た意味《いみ》のことば〉「**ことば尻《じり》を捕《と》らえる**」相手《あいて》の言《い》いそこなったところをとらえて、とがめること。「ことば尻《じり》」は、ことばの端《はし》の重要《じゅうよう》でない部分《ぶぶん》、まちがえた部分《ぶぶん》、不十分《ふじゅうぶん》な部分《ぶぶん》。

あ

頭《あたま》隠《かく》して尻《しり》隠《かく》さず

頭《あたま》だけ隠《かく》れるようにしていても、お尻《しり》のほうが丸見《まるみ》えになっている。

一部《いちぶ》だけ隠《かく》して全部《ぜんぶ》を隠《かく》したつもりになっているようす。

つかってみよう

●「犯人《はんにん》は、そっと窓《まど》からしのびこんだようだ。この手口《てぐち》はプロのものだ」

●「あれ？　窓《まど》の下《した》に靴《くつ》がそろえて置《お》いてある」

●「犯人《はんにん》のだ。ぬいだまま忘《わす》れていってしまったのか。これを調《しら》べれば、犯人《はんにん》はすぐにわかる」

●「素人《しろうと》だね。**頭隠《あたまかく》して尻隠《しりかく》さず**だよ」

さんこう

きじが、草《くさ》むらの中《なか》に頭《あたま》だけつっこんで、全身《ぜんしん》を隠《かく》しているつもりになっているようすからできたことば。

あ

後《あと》の祭《まつ》り

お祭《まつ》りが終《お》わってしまえば、お祭《まつ》りに必《ひつ》要《よう》だった山車《だし》は用《よう》がなくなる。**物事《ものごと》がすんでしまえば、あとは役《やく》に立《た》たなくなってしまうこと**のたとえ。**時機《じき》を外《はず》し、「手《て》おくれ」になる**意味《いみ》に使《つか》う。

つかってみよう

（おばあちゃんが来《き》ているかもしれないから、今日《きょう》は早《はや》く帰《かえ》ろう。おこづかいくれるかな?）

●「ただいま」
●「お帰《かえ》りなさい」
●「あれ。おばあちゃんは?」
●「さっき帰《かえ》ったわよ」
●「えっ! 残念《ざんねん》、**後《あと》の祭《まつ》り**だ」

さんこう

〈似《に》た意味《いみ》のことば〉「**十日《とおか》の菊《きく》、六日《むいか》の菖蒲《あやめ》**」九《く》月九日《がつここのか》の節句《せっく》におくれた菊《きく》、五月五日《ごがついつか》の節句《せっく》におくれた菖蒲《あやめ》は役《やく》に立《た》たない。

英語《えいご》のことわざ	The bird is flown. 鳥《とり》は飛《と》んでいってしまった。

あ

後《あと》は野《の》となれ山《やま》となれ

自分《じぶん》がいなくなった後《あと》のことは、どうなってもかまわない。**自分《じぶん》さえよければ、後《あと》は知《し》ったことではないという無責任《むせきにん》な態度《たいど》**をさすことば。

つかってみよう

- 「きれいな花火大会《はなびたいかい》だったね」
- 「うん。だけど、終《お》わった後《あと》のごみだらけの川原《かわら》は残念《ざんねん》だね。**後《あと》は野《の》となれ山《やま》となれ**と思《おも》う人《ひと》が多《おお》いのかな」
- 「みんなの心《こころ》も、夜空《よぞら》の花火《はなび》のようにきれいになればいいのにね」

さんこう

ここの「野《の》」や「山《やま》」は、あれはてたようすを表《あらわ》している。

〈反対《はんたい》の意味《いみ》のことば〉「**立《た》つ鳥跡《とりあと》を濁《にご》さず**」（174ページ）

英語《えいご》のことわざ　After us the deluge.
私《わたし》たちの死後《しご》には洪水《こうずい》でもなんでも来《こ》い。

あ

虻《あぶ》蜂《はち》捕《と》らず

網《あみ》を張《は》ったくもが、虻《あぶ》と蜂《はち》の両方《りょうほう》をいっぺんに捕《と》ろうとして、どちらにも逃《に》げられてしまうこと。

あれもこれもと欲張《よくば》ると、結局《けっきょく》はどちらも手《て》に入《い》れることができなくなるといういましめのことば。

つかってみよう

- 「昼《ひる》はお医者《いしゃ》さんとして働《はたら》き、夜《よる》はミュージシャンとしてステージに立《た》ち…」
- 「おっ、すてきだね」
- 「そんなことを夢見《ゆめみ》ていたけれど…」
- 「けれど？」
- 「どちらも中途半端《ちゅうとはんぱ》になり、両方《りょうほう》だめになっちゃった」
- 「残念《ざんねん》、**虻蜂捕《あぶはちと》らず**か」

さんこう

〈似《に》た意味《いみ》のことば〉「**二兎《にと》を追《お》う者《もの》は一兎《いっと》をも得《え》ず**」（**213**ページ）

〈反対《はんたい》の意味《いみ》のことば〉「**一挙両得《いっきょりょうとく》**」（**35**ページ）・「**一石二鳥《いっせきにちょう》**」（**40**ページ）

英語《えいご》のことわざ	Between two stools one falls to the ground. 二《ふた》つの腰掛《こしか》けのあいだでしりもちをつく。

あ

油《あぶら》を売《う》る

油売《あぶらう》りの商人《しょうにん》が、女性《じょせい》の客《きゃく》と長々《ながなが》とおしゃべりをしているようす。**むだ話《ばなし》をして、時間《じかん》をつぶしてしまうこと**のたとえ。「なまける」意味《いみ》にも使《つか》う。

つかってみよう

- 「ただいま」
- 「ずいぶんおそかったわね。どこで**油《あぶら》を売《う》って**いたの」
- 「田中《たなか》さんとおしゃべりしていたの」
- 「そう、しょうがないわね。じゃ、早《はや》く着《き》がえて、夕飯《ゆうはん》のしたくを手伝《てつだ》ってちょうだい」

あ

雨《あま》垂《だ》れ石《いし》を穿《うが》つ

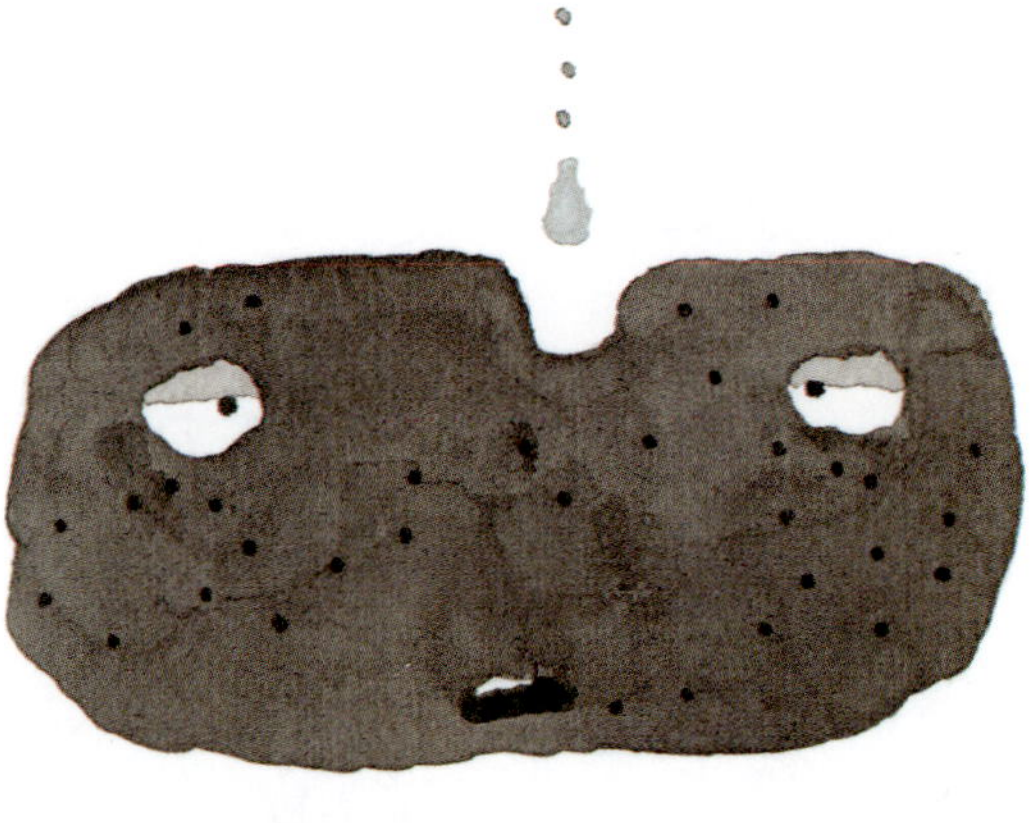

ぽたりぽたりと落《お》ちてくる雨《あま》垂《だ》れは、やがて固《かた》い石《いし》にも穴《あな》をあけてしまう。**たとえ少《すこ》しずつでも根《こん》気《き》よく努《ど》力《りょく》を積《つ》んでいけば、やがて成《せい》功《こう》する**という教《おし》え。

▽「穿《うが》つ」は、穴《あな》をあける意《い》味《み》。

つかってみよう

●「おじいちゃん、ぼくお医者《いしゃ》さんになれるかな？　頭悪《あたまわる》いけれど…」

●「頭《あたま》のよい悪《わる》いではない。だいじなのは、毎《まい》日《にち》こつこつと努《ど》力《りょく》を続《つづ》けることだ」

●「**雨《あま》垂《だ》れ石《いし》を穿《うが》つ**だね。ようし、難《むずか》しそうだけれど、挑戦《ちょうせん》だ。今日《きょう》から毎日《まいにち》、勉強《べんきょう》を続《つづ》けるぞ。おじいちゃん、見《み》ていてね」

さんこう

「**点滴石《てんてきいし》を穿《うが》つ**」ともいう。

英《えい》語《ご》のことわざ	Constant dropping wears away a stone. たえず落《お》ちるしずくは、石《いし》もすりへらしてしまうものだ。

あ

嵐《あらし》の前《まえ》の静《しず》けさ

嵐《あらし》が来《く》る前《まえ》に、いったん静《しず》かになること。**大《おお》きなできごとが起《お》きそうなとき、静《しず》かでなんとなく不思議《ふしぎ》な感《かん》じ、緊張《きんちょう》した感《かん》じがただようようす。**

つかってみよう

●「いよいよ、全勝同士《ぜんしょうどうし》の横綱《よこづな》の決戦《けっせん》だね」
●「お客《きゃく》さんの声《こえ》がすごいね。建物《たてもの》がこわれそうだ」
●「さあ、最後《さいご》のしきりだ」
●「あれ、急《きゅう》にお客《きゃく》さん静《しず》かになった」
●「**嵐《あらし》の前《まえ》の静《しず》けさ**だ。さて、どうなるか」

英語《えいご》のことわざ	the calm before the storm 嵐《あらし》の前《まえ》の静《しず》けさ

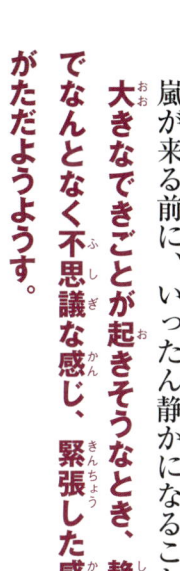

コラム 1

どっちの？「ことわざ」

「急《いそ》がば回《まわ》れ」と「善《ぜん》は急《いそ》げ」という二《ふた》つのことわざの関係《かんけい》が難《むずか》しい、そう思《おも》いませんか？

「急《いそ》がば回《まわ》れ」とは、急《いそ》いでいる時《とき》こそ慎重《しんちょう》にやりなさい、回《まわ》り道《みち》しているようでも結局《けっきょく》その方《ほう》が早《はや》いよ、と言《い》っているのでしょうし、その感《かん》じもよくわかります。で「善《ぜん》は急《いそ》げ」という方《ほう》は善《ぜん》、つまり良《よ》いこと楽《たの》しいこと、あるいは正《ただ》しいことなんてものは、その気《き》になったらすぐやった方《ほう》がいいね、いや、やっちゃう

GOMI TARO.

ものさ、というような意味《いみ》でしょうから、ま、わりあい素直《すなお》なことわざですよね。

昔《むかし》、子《こ》どもの頃《ころ》、ラジオを組《く》み立《た》てるのが流行《はや》ったことがありまして、そういったことが好《す》きなガキはけっこうみんなやりました。ぼくも友《とも》だちのまねっこをして、トランジスタラジオ組《く》み立《た》てセットを買《か》って、ラジオ製作《せいさく》にトライしました。そのセットがたぶん、通信販売《つうしんはんばい》か何《なに》かだったのでしょうが、家《いえ》に届《とど》いた時《とき》にはもううれしくてうれしくて、早《はや》く組《く》み立《た》てを始《はじ》めたいわけです。まさに「善《ぜん》は急《いそ》げ」状態《じょうたい》です。でもぼくのお父《とう》さんは「急《いそ》がば回《まわ》れ」人間《にんげん》でしたので、ま、とりあえず落《お》ちついて、まず箱《はこ》をゆっくり開《あ》けて内容《ないよう》を確《たし》かめ、組《く》み立《た》て説明書《せつめいしょ》をよく読《よ》んでから、それに従《したが》って順番《じゅんばん》にきちんとやりなさい、などと言《い》うのでした。で、父《とう》さんがあっちへ行《い》ったので、ぼくはぼくなりにちょっと無理《むり》して「急《いそ》がば回《まわ》れ」で説明書《せつめいしょ》をさっと読《よ》んでからすぐに「善《ぜん》は急《いそ》げ」で組《く》み立《た》て始《はじ》めました。おお、かんたんじゃないか、こんなもの！　あれ、このあたりは少《すこ》し難《むずか》しいね、ええと、説明書《せつめいしょ》をちょっと見《み》るか……ふむふむ、②から⑤へ行《い》くには別《べつ》に①と③と④を先《さき》にやっとくわけね、なるほど……え？　この部品《ぶひん》なんだ？　配線《はいせん》するところが多《おお》いね、これ、ハンダ付《づ》けするのかなあ、うん、ハンダはこの前《まえ》もやったからちょっと上手《うま》いんだよね、なにしろハンダ付《づ》けは組《く》み立《た》て作業《さぎょう》の山場《やまば》みたいなもんだからここは誰《だれ》に言《い》われなくても「急《いそ》がば回《まわ》れ」さ、慎重《しんちょう》に、慎重《しんちょう》に、うん、この匂《にお》いがたまらないね、おお上出来《じょうでき》だ、うまくいったね、さて、次《つぎ》は、このコンデンサーをここに付《つ》けて……なんてやっていたら、なぜかスピーカーが鳴《な》り出《だ》しました！　天気予報《てんきよほう》やってます。びっくりです。まだ完成《かんせい》していないのに！　です。なんででしょう？　完成《かんせい》なのかしら！　ぼくはかなり混乱《こんらん》して、その時《とき》からずっと今《いま》まで「善《ぜん》は急《いそ》げ」か「急《いそ》がば回《まわ》れ」か混乱《こんらん》したまま暮《く》らし続《つづ》けているわけです。

あ

ありの穴《あな》から堤《つつみ》もくずれる

ありがほった小《ちい》さな穴《あな》が原因《げんいん》で、大《おお》きな堤《つつみ》がくずれる。

ちょっとした油断《ゆだん》や不注意《ふちゅうい》がもとで、取《と》り返《かえ》しのつかない大《おお》きな事件《じけん》や失敗《しっぱい》を引《ひ》き起《お》こすことがあるというたとえ。また、だから気《き》をつけなさいといういましめのことば。

つかってみよう

●「大記録《だいきろく》をかけたマラソン大会《たいかい》だったけれど、けがで途中《とちゅう》で棄権《きけん》しちゃった」

●「えっ、おしいな。どんなけがが？」

●「スタート前《まえ》までは、ちょっとした足《あし》のすり傷《きず》だったんだけど、走《はし》っているうちにどんどん痛《いた》くなってきて…」

●「残念《ざんねん》だね。**ありの穴《あな》から堤《つつみ》もくずれる**だ。次回《じかい》は、よく気《き》をつけなよ」

さんこう

中国《ちゅうごく》の書物《しょもつ》にあることば。

〔似《に》た意味《いみ》のことば〕「**小事《しょうじ》は大事《だいじ》**」

英語《えいご》のことわざ A little leak will sink a big ship.
小《ちい》さなもれ穴《あな》が大《おお》きな船《ふね》を沈《しず》める。

あ

案《あん》ずるより産《う》むが易《やす》し

赤《あか》ちゃんを産《う》む前《まえ》は、どんなにかたいへんだろうとあれこれ心配《しんぱい》するけれど、実際《じっさい》に産《う》んでみると、それほどでもない。

何事《なにごと》も始《はじ》める前《まえ》は、よくできるかどうか不安《ふあん》になるものだが、実際《じっさい》にやってみると、思《おも》ったよりたやすくできるものだというたとえ。

つかってみよう

● 「みんなの前《まえ》で演説《えんぜつ》することになり…」
● 「うん、それで？」
● 「あがってしまうのではないかと心配《しんぱい》で、前《まえ》の晩《ばん》はねむれなかった」
● 「そうしたら？」
● 「いざしゃべり始《はじ》めたら、なぜか度胸《どきょう》がついて、われながらうまくできた」
● 「**案《あん》ずるより産《う》むが易《やす》し**だよ。よい経験《けいけん》をしたね」

さんこう

「**案《あん》ずるより産《う》むが易《やす》い**」ともいう。

い

言《い》うは易《やす》く行《おこな》うは難《かた》し

口《くち》で言《い》うのは簡単《かんたん》だが、実際《じっさい》に行《おこな》うのは難《むず》しい。

つかってみよう

●「毎朝《まいあさ》四時《よじ》に起《お》きて二時間勉強《にじかんべんきょう》するって、家《いえ》の人《ひと》に宣言《せんげん》したんだ」

●「おっ、すごい。えらいな」

●「けれど…」

●「けれど、どうしたの?」

●「三日《みっか》たったら、つらくてつらくて、やめちゃった」

●「**言《い》うは易《やす》く行《おこな》うは難《かた》し**だね。まずは、できることから始《はじ》めたほうがいいよ」

さんこう

中国《ちゅうごく》の書物《しょもつ》にあることば。

英語《えいご》のことわざ　Easier said than done.
言《い》うほうが行《おこな》うよりもやさしい。

い

石《いし》の上《うえ》にも三《さん》年《ねん》

冷《つめ》たい石《いし》の上《うえ》でも三年座《さんねんすわ》り続《つづ》けていれば、石《いし》も温《あたた》まる。**どんなにつらくても、しんぼうを続《つづ》けていれば、やがて報《むく》われる**という教《おし》え。

つかってみよう

- 「新《あたら》しく入《はい》った会社《かいしゃ》はきついよ」
- 「どんなふうに？」
- 「上《うえ》の人《ひと》はきびしいし、周《まわ》りの人《ひと》からは仕事《しごと》がおそいって冷《つめ》たくされるし…」
- 「だれだって、最初《さいしょ》はそうだよ。**石《いし》の上《うえ》にも三年《さんねん》**、しばらくがんばってごらん。きっと、上《うえ》の人《ひと》からも周《まわ》りからもほめられるようになるよ」

い

石橋《いしばし》を叩《たた》いて渡《わた》る

がんじょうな石橋《いしばし》を、こわれないか、こわれていないか、つえでたたきながら安全《あんぜん》を確《たし》かめて渡《わた》る。

用心《ようじん》に用心《ようじん》を重《かさ》ねて物事《ものごと》を行《おこな》うことのたとえ。

つかってみよう

● 「さあ、出《で》かけるぞ。戸《と》じまりはどうかな」

● 「だいじょうぶ。全部《ぜんぶ》かぎをかけたわ」

● 「それでも、わしは心配《しんぱい》だ。何《なに》しろ**石橋《いしばし》を叩《たた》いて渡《わた》る**性格《せいかく》だからな。念《ねん》のため、玄関《げんかん》の外《そと》に大《おお》きなかぎをぶらさげておこうか」

● 「そんなことをしたら、かえって留守《るす》だっていうことがばれてしまうでしょ」

さんこう

〈似《に》た意味《いみ》のことば〉「**念《ねん》には念《ねん》を入《い》れる**」（222ページ）・「**浅《あさ》い川《かわ》も深《ふか》く渡《わた》れ**」

〈反対《はんたい》の意味《いみ》のことば〉「**危《あぶ》ない橋《はし》を渡《わた》る**」

い

医《い》者《しゃ》の不《ふ》養《よう》生《じょう》

人《ひと》の健康《けんこう》を心配《しんぱい》するお医者《いしゃ》さんが、自分《じぶん》では不健康《ふけんこう》な生活《せいかつ》をしている。**ほかの人《ひと》にはりっぱなことをすすめながら、自分《じぶん》ではそれを実行《じっこう》しないようす**を表《あらわ》すことば。

▽「不養生《ふようじょう》」は、健康《けんこう》に気《き》をつけないこと。

つかってみよう

- 「小《ちい》さいときは、しっかり、たくさん本《ほん》を読《よ》んでおけ。本《ほん》は、頭《あたま》と心《こころ》の栄養《えいよう》だ」
- 「そう言《い》っている先生《せんせい》は、さっぱり本《ほん》を読《よ》んでいないみたい。**医者《いしゃ》の不養生《ふようじょう》**じゃないですか」
- 「えっ、…えーと、先生《せんせい》は、もう小《ちい》さくないからいいんだ」
- 「？？？」

さんこう

〈似《に》た意味《いみ》のことば〉「**紺屋《こうや》の白袴《しろばかま》**」（115ページ）

英語《えいご》のことわざ	It is a good physician that follows his own advice. 自分自身《じぶんじしん》の診断《しんだん》に従《したが》うのはよい医者《いしゃ》だ。

い

以《い》心《しん》伝《でん》心《しん》

「心《こころ》を以《もっ》て心《こころ》を伝《つた》える」という意味《いみ》。
何《なに》も言《い》わなくても、おたがいの思《おも》いや考《かんが》えが相手《あいて》に伝《つた》わること。

つかってみよう

- 「お母《かあ》さん、クリスマスにあれ買《か》ってね」
- 「ああ、あれね。いいわよ」
- 「お母《かあ》さんとわたしは、**以心伝心《いしんでんしん》**ね。『あれ』だけで通《つう》じちゃうから」

さんこう

仏教《ぶっきょう》のことば。仏《ほとけ》の教《おし》えは心《こころ》で伝《つた》え、心《こころ》でさとることを表《あらわ》している。なお、「以心伝信《いしんでんしん》」と書《か》かないように注意《ちゅうい》。

い

急《いそ》がば回《まわ》れ

急《いそ》いで危険《きけん》な近道《ちかみち》を行《い》くより、遠回《とおまわ》りでも安全《あんぜん》な道《みち》を行《い》くのがよい。**急《いそ》いで物事《ものごと》をしようとすると失敗《しっぱい》したり思《おも》わぬ事故《じこ》にあったりすることがあるので、ゆっくりと確実《かくじつ》な方法《ほうほう》で行《おこな》ったほうが、かえって早《はや》くできる**という教《おし》え。

つかってみよう

- 「ごめんなさい。会議《かいぎ》に遅刻《ちこく》してしまって」
- 「どうしたんだい。みんな心配《しんぱい》していたよ」
- 「駅《えき》に降《お》りて時計《とけい》を見《み》たら、あと二十分《にじっぷん》しかないので、あわててタクシーに…。ところが、渋滞《じゅうたい》でさっぱり動《うご》かなくて…」
- 「二十分《にじっぷん》あれば、歩《ある》いても間《ま》にあったのに」
- 「はい、そうでした。**急《いそ》がば回《まわ》れ**でした」

さんこう

〈似《に》た意味《いみ》のことば〉「**急《いそ》いては事《こと》を仕損《しそん》じる**」（158ページ）

英語《えいご》のことわざ	Make haste slowly. ゆっくり急《いそ》げ。

い

一《いち》期《ご》一《いち》会《え》

一生《いっしょう》に一度《いちど》だけしか会《あ》わないこと。**一生《いっしょう》の間《あいだ》に一度《いちど》だけの出会《であ》いだと思《おも》って、まことをつくす心《こころ》がまえ。**

つかってみよう

- 「このお店《みせ》ははんじょうしているね」
- 「はい、おかげさまで」
- 「店員《てんいん》さんの態度《たいど》がいいからだよ。いつ来《き》ても親切《しんせつ》だもの」
- 「はい、ありがとうございます。お客《きゃく》さまを、**一期《いちご》一会《いちえ》**の気持《きも》ちでおむかえしておりますから」
- 「これだから、またすぐ来《き》たくなるよね」

さんこう

茶道《さどう》のことばで、「お茶《ちゃ》をたてるときは、どんな場合《ばあい》も一生《いっしょう》にただ一度《いちど》の出会《であ》いだと思《おも》って、心《こころ》をこめてお客《きゃく》さんをもてなしなさい」という教《おし》えから。

い

一事《いちじ》が万事《ばんじ》

一《ひと》つの事《こと》から、ほかのすべての事《こと》が想像《そうぞう》できる。

つかってみよう

●「ことばづかいが乱暴《らんぼう》だね」
●「そうかなあ」
●「きっと、君《きみ》の部屋《へや》も乱雑《らんざつ》だろうな」
●「えっ、どうしてわかる？」
●「**一事《いちじ》が万事《ばんじ》**、ことばが乱暴《らんぼう》なら何《なに》をやっても乱暴《らんぼう》だよ。まずことばづかいから直《なお》してごらん。きっと字《じ》もきれいになるし、部屋《へや》も片《かた》づくよ」

さんこう

悪《わる》い意味《いみ》で使《つか》われることが多《おお》い。

い

一《いち》日《じつ》千《せん》秋《しゅう》の思《おも》い

一日《いちにち》が、まるで千年《せんねん》のように長《なが》く感《かん》じられるという思《おも》い。

待《ま》ち遠《どお》しくて、待《ま》ち遠《どお》しくてたまらない気《き》持《も》ちを表《あらわ》すことば。

▽「千秋《せんしゅう》」は、千年《せんねん》を表《あらわ》す。

つかってみよう

- 「故郷《こきょう》を出《で》て、だいぶたった」
- 「何年《なんねん》になるかしら」
- 「なつかしくてたまらない。いつ帰《かえ》れるかなあ」
- 「来年《らいねん》には、きっと帰《かえ》れるわよ」
- 「来年《らいねん》か…。父《ちち》や母《はは》の顔《かお》が早《はや》く見《み》たいな。**一日千秋《いちじつせんしゅう》の思《おも》い**だ」

さんこう

「**一日千秋**《いちにちせんしゅう》」ともいう。

い

一年《いちねん》の計《けい》は元旦《がんたん》にあり

何事《なにごと》も初《はじ》めが大切《たいせつ》なので、初《はじ》めにしっかり計画《けいかく》を立《た》てて実行《じっこう》していくのがよい。

つかってみよう

●「正月《しょうがつ》の朝《あさ》は、気持《きも》ちがいいなあ」

●「**一年《いちねん》の計《けい》は元旦《がんたん》にあり**よ。どんな年《とし》にするの？」

●「今年《ことし》は、よく勉強《べんきょう》をして…」

●「えっ！」

●「よくお手伝《てつだ》いをして…」

●「えっ！」

●「おこづかいを…」

●「もういいわよ、そこまで」

さんこう

「**一日《いちにち》の計《けい》は朝《あした》にあり、一年《いちねん》の計《けい》は元旦《がんたん》にあり**」ともいう。

い

一《いち》を聞《き》いて十《じゅう》を知《し》る

一《ひと》つを聞《き》いて、十全部《じゅうぜんぶ》を知《し》る。

一部分《いちぶぶん》を教《おそ》わっただけで、それをもとにしてたくさんの知識《ちしき》を得《え》るという、理解《りかい》の早《はや》い、すぐれた才能《さいのう》を示《しめ》すことば。

つかってみよう

●「学問《がくもん》というものはだな…」

●「わかった、わかった。お父《とう》さんは結局《けっきょく》、ぼくにもっと勉強《べんきょう》しなさいと言《い》いたいんでしょう?」

●「おやおや、そのとおりだ。どうしてわかった?」

●「だって、ぼく、**一《いち》を聞《き》いて十《じゅう》を知《し》る**天才《てんさい》だもの」

さんこう

中国《ちゅうごく》の書物《しょもつ》にあることば。

英語《えいご》のことわざ

A word to the wise is enough.
賢《かしこ》い人《ひと》には一言《ひとこと》で十分《じゅうぶん》である。

い

一《いっ》挙《きょ》両《りょう》得《とく》

一《ひと》つのことをして、同時《どうじ》に二《ふた》つの物《もの》を手《て》に入《い》れる。

▽「一挙《いっきょ》」は、一《ひと》つの動作《どうさ》。

つかってみよう

- 「一人《ひとり》でゲームを楽《たの》しむより、野球《やきゅう》やサッカーをしたほうがいいよ」
- 「どうして？」
- 「からだにいいし…」
- 「なるほど」
- 「友達《ともだち》と仲良《なかよ》くできるしさ」
- 「**一挙両得**《いっきょりょうとく》だね。ぼくもやってみよう」

さんこう

中国《ちゅうごく》の書物《しょもつ》にあることば。

〈似《に》た意味《いみ》のことば〉「**一石二鳥**《いっせきにちょう》」（**40**ページ）

〈反対《はんたい》の意味《いみ》のことば〉「**虻蜂捕**《あぶはちと》**らず**」（**16**ページ）・「**二兎**《にと》**を追**《お》**う者**《もの》**は一兎**《いっと》**をも得**《え》**ず**」（**213**ページ）

い

一《いっ》炊《すい》の夢《ゆめ》

人生《じんせい》は、たとえ富《と》み栄《さか》えたとしても、
まるで粟飯《あわめし》が炊《た》けるほどの短《みじか》い時間《じかん》で、
はかないものである。

つかってみよう

●「ぼくは、大金持《おおがねも》ちになりたいとは思《おも》わない」
●「なぜ?」
●「なったとしても、結局《けっきょく》は**一炊《いっすい》の夢《ゆめ》**にすぎないもの」
●「なるほど」
●「どうせ一生《いっしょう》を過《す》ごすなら、目立《めだ》たなくてもいいから、人《ひと》のためにつくし、心《こころ》で満足《まんぞく》のできる毎日《まいにち》を送《おく》りたい」
●「感心《かんしん》だな。ぼくも見習《みなら》おう」

さんこう

昔《むかし》、中国《ちゅうごく》の都邯鄲《みやこかんたん》の宿屋《やどや》で、盧生《ろせい》という青年《せいねん》が、粟飯《あわめし》が炊《た》けるのを待《ま》つ間《あいだ》、呂翁《りょおう》という仙人《せんにん》から枕《まくら》を借《か》りて、横《よこ》になった。すると、不思議《ふしぎ》な夢《ゆめ》を見《み》た。

盧生《ろせい》は出世《しゅっせ》をし、大金持《おおがねも》ちになってりっぱな屋敷《やしき》に住《す》み、美《うつく》しい女性《じょせい》を妻《つま》とし、八十歳《はちじっさい》以上《じょう》も長生《ながい》きして華々《はなばな》しい生涯《しょうがい》を閉《と》じた。

そのとたんに盧生《ろせい》は目《め》が覚《さ》めた。見回《みまわ》すと、自分《じぶん》はもとの宿屋《やどや》に居《い》て、主人《しゅじん》の炊《た》く粟飯《あわめし》はまだ炊《た》けていなかった。

(中国《ちゅうごく》の書物《しょもつ》にある話《はなし》から)

「**邯鄲《かんたん》の夢《ゆめ》**」「**盧生《ろせい》の夢《ゆめ》**」ともいう。

い

一《いっ》寸《すん》先《さき》は闇《やみ》

進《すす》んでいこうとする目《め》の前《まえ》は真《ま》っ暗《くら》である。

これからどうなるのか、何《なに》が起《お》こるのか、すぐ先《さき》のことさえだれにもわからないことをたとえたことば。

▽「一寸《いっすん》」は約《やく》三・〇三センチメートル。ここでは「ほんの少《すこ》し」の意味《いみ》。

つかってみよう

●「駅前《えきまえ》のスーパーが倒産《とうさん》だって」

●「えっ！　この前《まえ》まで景気《けいき》がよさそうで、いつも満員《まんいん》だったのに」

●「お客《きゃく》さん、減《へ》ってきたのかしら」

●「それにしても、まさかね。世《よ》の中《なか》、**一寸先《いっすんさき》は闇《やみ》**ね」

さんこう

「どんな不幸《ふこう》が待《ま》っているかわからない」という意味《いみ》で使《つか》うことが多《おお》い。

い

一《いっ》寸《すん》の虫《むし》にも五《ご》分《ぶ》の魂《たましい》

一寸《いっすん》ほどの小《ちい》さな虫《むし》にも、その半分《はんぶん》の五《ご》分《ぶ》の魂《たましい》がある。

どんなに小《ちい》さく弱《よわ》いものでも、それなりの意地《いじ》を持《も》っているから、あなどってはいけないといういましめ。

▽「一寸《いっすん》」は約《やく》三・〇三センチメートル。ここでは「小《ちい》さい」の意味《いみ》。

つかってみよう

●「大人《おとな》たちは、なかなかぼくたちの意見《いけん》を聞《き》いてくれない」

●「子《こ》どもだと思《おも》って軽《かる》く見《み》ているんだね」

●「ようし、ぼくたちだって勉強《べんきょう》して多《おお》くのことを知《し》れば、大人《おとな》たちを負《ま》かすことができる」

●「そうだ、あっと言《い》わせよう。**一寸《いっすん》の虫《むし》にも五《ご》分《ぶ》の魂《たましい》**だよ」

英語《えいご》のことわざ	Even a worm will turn. 小《ちい》さな虫《むし》でも向《む》かって来《く》る。

い

一石二鳥《いっせきにちょう》

一《ひと》つの石《いし》を投《な》げて、二羽《にわ》の鳥《とり》を打《う》ち落《お》とすこと。

一《ひと》つの動作《どうさ》で、同時《どうじ》に二《ふた》つのものを手《て》に入《い》れることのたとえ。

つかってみよう

● 「えんぴつを正《ただ》しく持《も》ってごらん」
● 「どうして？」
● 「正《ただ》しく持《も》つと、きれいな字《じ》が書《か》ける」
● 「なるほど」
● 「正《ただ》しく持《も》つと、つかれにくい」
● 「なるほど。**一石二鳥《いっせきにちょう》**だね」
● 「しかも、早《はや》く書《か》ける」
● 「えっ、じゃ三鳥《さんちょう》だ。さっそく実行《じっこう》してみよう」

さんこう

〈似《に》た意味《いみ》のことば〉「**一挙両得《いっきょりょうとく》**」（**35**ページ）
〈反対《はんたい》の意味《いみ》のことば〉「**虻蜂捕《あぶはちと》らず**」（**16**ページ）・「**二兎《にと》を追《お》う者《もの》は一兎《いっと》をも得《え》ず**」（**213**ページ）

英語《えいご》のことわざ	kill two birds with one stone 一《ひと》つの石《いし》で二羽《にわ》の鳥《とり》を殺《ころ》す

い

一《いっ》長《ちょう》一《いっ》短《たん》

一《ひと》つ長所《ちょうしょ》もあれば、一《ひと》つ短所《たんしょ》もある。
よいところもあれば、悪《わる》いところもある
という意味《いみ》。

つかってみよう

●「このそうじきは、あっという間《ま》にほこりを吸《す》い取《と》ってしまう」
●「強力《きょうりょく》で、便利《べんり》だね」
●「けれど…」
●「けれど?」
●「重《おも》いので、運《はこ》ぶのがたいへんなの」
●「うーん、**一長一短**《いっちょういったん》だね」

い

犬《いぬ》も歩《ある》けば棒《ぼう》に当《あ》たる

犬《いぬ》がふらふらと出歩《である》いていると、棒《ぼう》でぶたれる。

①出《で》しゃばってよけいなことをすると、思《おも》わぬ災難《さいなん》にあうというたとえ。

②じっとしていないで、いろいろなことをしてみると、思《おも》いがけない幸運《こううん》にめぐりあえるというたとえ。

つかってみよう①

●「どうしたの？　しょげた顔《かお》をして」

●「山田《やまだ》さんと江川《えがわ》さんが言《い》い争《あらそ》いをしていたので、仲直《なかなお》りさせようとしたんだ。ところが…」

●「ところが？」

●「男《おとこ》のくせに出《で》しゃばらないでよ。もともと二人《ふたり》は仲《なか》がいいんだからって…」

●「どなられちゃったの？」

●「そう。男《おとこ》も女《おんな》も関係《かんけい》ないと思《おも》うんだけれど…」

●「残念《ざんねん》、**犬《いぬ》も歩《ある》けば棒《ぼう》に当《あ》たる**だったのね」

つかってみよう②

●「どこへ行《い》ってきたの？」

●「サッカーをやってきたんだ」

●「昨日《きのう》は、たしか野球《やきゅう》だったね」

●「そう」

●「あしたは？」

●「卓球《たっきゅう》を習《なら》いに行《い》く」

●「いろいろやっているんだね」

●「そう。いろいろやると、今《いま》まで知《し》らなかったおもしろいことがわかるし、友達《ともだち》もできて楽《たの》しい」

●「いいことだ。**犬《いぬ》も歩《ある》けば棒《ぼう》に当《あ》たる**だね」

さんこう

今《いま》は、②の意味《いみ》で使《つか》うことが多《おお》い。

英語《えいご》のことわざ　② The dog that trots about finds a bone.
走《はし》り回《まわ》る犬《いぬ》は骨《ほね》を見《み》つける。

い

井《い》の中《なか》の蛙《かわず》大《たい》海《かい》を知《し》らず

せまい井戸《いど》の中《なか》にすむかえるは、外《そと》に大《おお》きな海《うみ》があることを知《し》らない。**自分《じぶん》だけのせまい知識《ちしき》や考《かんが》え方《かた》にとらわれ、ほかに広《ひろ》い世界《せかい》があることを知《し》らないで得意《とくい》になっていること**のたとえ。

▽「井《い》」は、井戸《いど》。「蛙《かわず》」は、「蛙《かえる》」の別《べつ》の名《な》。

つかってみよう

● 「ぼくが集《あつ》めたカードのコレクション、すごいだろう」

● 「そのくらい集《あつ》めている人《ひと》は、いっぱいいるよ。そういうのを**井《い》の中《なか》の蛙大海《かわずたいかい》を知《し》らず**と言《い》うんだよ」

さんこう

短《みじか》く「**井《い》の中《なか》の蛙《かわず》**」ともいう。

う

魚《うお》心《ごころ》あれば水《みず》心《ごころ》

魚《さかな》に水《みず》を思《おも》う心《こころ》があれば、水《みず》も魚《さかな》を思《おも》う心《こころ》を持《も》つ。**相手《あいて》がこちらに好意《こうい》を持《も》てば、こちらも相手《あいて》に対《たい》して好意《こうい》を持《も》ってこたえる**というたとえ。

つかってみよう

- 「あなたは、ほんとうに宮田《みやた》さんと仲《なか》がいいのね」
- 「宮田《みやた》さんはいつも親切《しんせつ》にしてくれるし…」
- 「なるほど」
- 「だから、わたしも、いつも宮田《みやた》さんにやさしくしているの」
- 「うらやましい仲《なか》ね。**魚心《うおごころ》あれば水心《みずごころ》**ありね」

さんこう

「魚心《うおごころ》」「水心《みずごころ》」は、もとの「魚《うお》、心《こころ》あれば、水《みず》、心《こころ》あり」から一語《いちご》になったもの。

英語《えいご》のことわざ Scratch my back and I will scratch yours.
私《わたし》の背中《せなか》をかいてくれたら私《わたし》もあなたのをかいてあげます。

う

牛《うし》に引《ひ》かれて善《ぜん》光《こう》寺《じ》参《まい》り

牛《うし》を追《お》いかけていったのがきっかけで、善《ぜん》光《こう》寺《じ》にお参《まい》りするようになる。

自分《じぶん》の考《かんが》えではなく、思《おも》わぬことからよいことにめぐりあい、熱心《ねっしん》になるたとえ。

つかってみよう

- 「おや、テニスですか」
- 「いやはや、この年《とし》で始《はじ》めました。やってみると、おもしろいものですね」
- 「まったく初《はじ》めてですか?」
- 「そう、まったくやったことはありません。娘《むすめ》がやろうやろうと言《い》うので、いやいや始《はじ》めたら、やみつきになりました」
- 「それはけっこうなこと。**牛《うし》に引《ひ》かれて善光《ぜんこう》寺参《じまい》り**ですな」

さんこう

昔《むかし》、おばあさんが庭《にわ》で布《ぬの》をほしていたところ、一《いっ》ぴきの牛《うし》が入《はい》ってきて、布《ぬの》を角《つの》に引《ひ》っかけて逃《に》げた。

おばあさんは懸命《けんめい》に牛《うし》を追《お》いかけたところ、牛《うし》は長野《ながの》の善光寺《ぜんこうじ》の境内《けいだい》に入《はい》っていった。おばあさんも、境内《けいだい》に入《はい》った。

そこでおばあさんは善光寺《ぜんこうじ》がりっぱなお寺《てら》であることを初《はじ》めて知《し》り、それ以来《いらい》、仏《ほとけ》を拝《おが》みにたびたび善光寺《ぜんこうじ》を訪《おとず》れるようになったという。

ZENKOJI KANKO

う

嘘《うそ》から出《で》たまこと

嘘《うそ》から、ほんとうのことが起《お》こる。

嘘《うそ》やじょうだんで言《い》ったことが、ほんとうになってしまう。

▽「まこと」は、ほんとうのこと、現実《げんじつ》のこと。

つかってみよう

- 「お母《かあ》さん、今度《こんど》のテスト、百点《ひゃくてん》だと思《おも》うよ」
- 「またまた、じょうだんでしょ」
- 「うん、じょうだんだよ。ぼくが百点《ひゃくてん》取《と》れるはずがないものね」

- 「お母《かあ》さん、たいへん」
- 「何《なに》がたいへんなの?」
- 「百点《ひゃくてん》だったよ」
- 「えっ! じょうだんでしょ」
- 「**嘘《うそ》から出《で》たまこと**だったよ」

さんこう

〈似《に》た意味《いみ》のことば〉「**ひょうたんから駒《こま》が出《で》る**」

英語《えいご》のことわざ	Many a true word is spoken in jest. 多《おお》くの本当《ほんとう》のことが冗談《じょうだん》で言《い》われる。

う

うどの大木《たいぼく》

あまり役《やく》に立《た》たないうどの木《き》は、形《かたち》ばかり大《おお》きい。

からだだけ大《おお》きくて、役《やく》に立《た》たない人《ひと》のたとえ。

つかってみよう

●「大《おお》きなからだでごろごろしていて、おそうじのじゃまよ。**うどの大木《たいぼく》**って言《い》われちゃうわよ」

●「えっ、いやだなあ。ようし、勉強《べんきょう》をして…」

●「勉強《べんきょう》をして？」

●「そして、お手伝《てつだ》いもよくして…」

●「お手伝《てつだ》いも、感心《かんしん》ね。期待《きたい》しているわ」

さんこう

うどの茎《くき》は大《おお》きくなるが、やわらかく、材木《ざいもく》として役《やく》に立《た》たないことから。

〈反対《はんたい》の意味《いみ》のことば〉「**さんしょうは小粒《こつぶ》でもぴりりと辛《から》い**」（125ページ）

う

鵜《う》のまねをする烏《からす》

烏《からす》が、魚《さかな》を捕《と》る鵜《う》のまねをして水《みず》に入《はい》り、おぼれてしまうこと。**自分《じぶん》の力《ちから》や才能《さいのう》を考《かんが》えないで、他人《たにん》のまねをして失敗《しっぱい》すること**のたとえ。

つかってみよう

● 「体操選手《たいそうせんしゅ》の演技《えんぎ》は、かっこいいなあ。わしもやってみよう」

● 「やめなさい、おじいちゃん。年《とし》を考《かんが》えて。**鵜《う》のまねをする烏《からす》**になっちゃうよ」

● 「なあに、あのくらい。エイ！ エイ！ …（どすん）…いたたた」

● 「だいじょうぶ？」

● 「ぎっくり腰《ごし》になっちゃった」

● 「だから言《い》ったのに…」

さんこう

「**鵜《う》のまねをする烏《からす》水《みず》におぼれる**」ともいう。鵜《う》は水《みず》の中《なか》にもぐって魚《さかな》を捕《と》るのが得意《とくい》で、岐阜《ぎふ》の長良川《ながらがわ》の鵜飼《うか》いは有名《ゆうめい》。

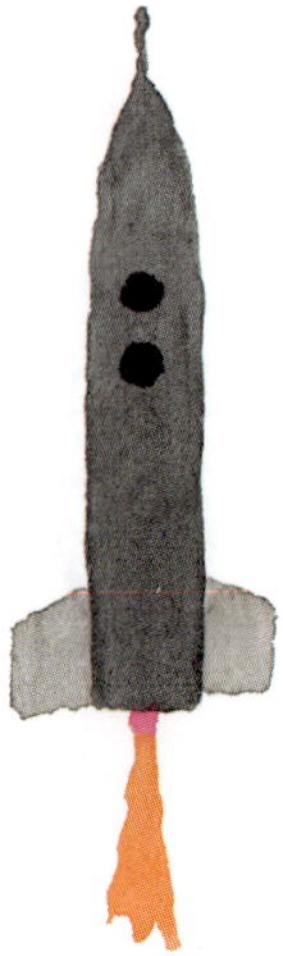

う

鵜《う》呑《の》みにする

鵜《う》が、魚《さかな》をまるごとのみこんでしまう。**よいか悪《わる》いか、当《あ》たっているか当《あ》たっていないかを自分《じぶん》でよく考《かんが》えないで、そのまま受《う》け入《い》れてしまう**たとえ。

つかってみよう

●「お母《かあ》さん、たいへん。夏《なつ》なのに、あした、大雪《おおゆき》が降《ふ》るんだって」

●「とつぜん、何《なに》を言《い》うの？」

●「早《はや》くコートの準備《じゅんび》しようよ」

●「どうしてわかるの？」

●「だって、横山君《よこやまくん》が、確《たし》かな情報《じょうほう》だって…」

●「あなたは、すぐ人《ひと》の話《はなし》を**鵜《う》呑《の》みにする**んだから。横山君《よこやまくん》にからかわれたのよ」

さんこう

鵜《う》は、魚《さかな》を捕《と》るとき、つついたりかんだりしないで、まるごとのみこんでしまうことからできたことば。

う

鵜《う》の目《め》鷹《たか》の目《め》

魚《さかな》をさがす鵜《う》やえものをねらう鷹《たか》のするどい目《め》。**物《もの》を探《さが》し出《だ》そうとするときのするどい目《め》つきやようす**のたとえ。

つかってみよう

- 「犯人《はんにん》が、この町《まち》に逃《に》げこんだらしい」
- 「それはこわいな」
- 「警察《けいさつ》は、懸命《けんめい》に探《さが》している」
- 「**鵜《う》の目《め》鷹《たか》の目《め》**で探《さが》しているんだね」
- 「だから、捕《つか》まるのは時間《じかん》の問題《もんだい》だ。心配《しんぱい》ないよ」

う

馬《うま》が合《あ》う

馬《うま》と乗《の》る人《ひと》の呼吸《こきゅう》がぴったりと合《あ》う。**おたがいに気《き》が合《あ》う、しっくりいく**たとえ。

つかってみよう

●「花《はな》ちゃんと仲《なか》がいいのね。いつもいっしょね」

●「そう、遊《あそ》ぶときも…」

●「勉強《べんきょう》するときもでしょ」

●「そう、おそうじするときも…」

●「きっと、**馬《うま》が合《あ》う**のね」

●「とにかく、いっしょにいるだけで楽《たの》しいの」

う

馬《うま》の耳《みみ》に念《ねん》仏《ぶつ》

馬《うま》にありがたい仏《ほとけ》の教《おし》えを説《と》いて聞《き》かせても、馬《うま》にはわからない。

いくらだいじなことを教《おし》えても、さっぱり効《き》きめのないことのたとえ。

つかってみよう

- 「しっかり勉強《べんきょう》しなさい」
- 「ハーイ」
- 「よくお手伝《てつだ》いしなさい」
- 「ハーイ」
- 「返事《へんじ》ばかりはいいけれど、わかっているのかな？」
- 「ごめんなさい。わかっていない」
- 「まるで、**馬《うま》の耳《みみ》に念《ねん》仏《ぶつ》**だな」
- 「当《あ》たり！　ぼく、うまどしだよ」

さんこう

〈似《に》た意味《いみ》のことば〉「**馬耳東風**《ばじとうふう》」馬《うま》は春《はる》の暖《あたた》かい風《かぜ》がふいても、何《なに》も感《かん》じない。

うわさをすれば影《かげ》が差《さ》す

人《ひと》のうわさをしていると、そこへその人《ひと》がひょっこり現《あらわ》れるものだ。

▽「影《かげ》が差《さ》す」は、姿《すがた》が見《み》えるの意味《いみ》。

つかってみよう

- 「戸田《とだ》さん、このごろ元気《げんき》がないようだけれど…」
- 「そうね、心配《しんぱい》だわ」
- 「あっ、戸田《とだ》さんが向《む》こうから来《き》たわ」
- 「**うわさをすれば影《かげ》が差《さ》す**ね」
- 「戸田《とだ》さん、元気《げんき》そうでよかった」
- 「ほんと」

さんこう

短《みじか》く「**うわさをすれば影《かげ》**」ともいう。

英語《えいご》のことわざ	Speak of the devil, and he will appear. 悪魔《あくま》のことを言《い》うと、悪魔《あくま》が現《あらわ》れる。

う

雲泥《うんでい》の差《さ》

天《てん》にある雲《くも》と、地《ち》にある泥《どろ》との差《さ》。

比《くら》べることができないほど大《おお》きなちがいがあること。

つかってみよう

●「大木《おおき》さん、走《はし》るの速《はや》いね」

●「そう。あの人《ひと》、たしかに速《はや》い」

●「あなたも速《はや》いから、大木《おおき》さんと競走《きょうそう》してみたら？」

●「とんでもない。**雲泥《うんでい》の差《さ》**で負《ま》けちゃうわ」

さんこう

中国《ちゅうごく》の書物《しょもつ》にあることば。雲《くも》と泥《どろ》とは、形《かたち》や色《いろ》が似《に》ているときがあるので、よく比《くら》べられる。

〈**似《に》た意味《いみ》のことば**〉「**提灯《ちょうちん》に釣《つ》り鐘《がね》**」（182ページ）・「**月《つき》とすっぽん**」（185ページ）

え

絵《え》に描《か》いた餅《もち》

絵《え》に描《か》かれた餅《もち》は、おいしそうに見《み》えても、食《た》べることができない。**どんなにりっぱに見《み》えても、実際《じっさい》は何《なん》の役《やく》にも立《た》たないもの**のたとえ。

つかってみよう

●「ぼくの計画《けいかく》では、卒業《そつぎょう》したら…」
●「うん」
●「りっぱな会社《かいしゃ》に入《はい》って…」
●「うん」
●「りっぱな家《いえ》に住《す》んで…」
●「うん」
●「りっぱな人間《にんげん》になるんだ」
●「**絵《え》に描《か》いた餅《もち》**にならなければいいけれどね」

さんこう

〈似《に》た意味《いみ》のことば〉「**机上《きじょう》の空論《くうろん》**」机《つくえ》の上《うえ》で考《かんが》えただけで、実際《じっさい》には役《やく》に立《た》たないもの。

英語《えいご》のことわざ	a pie in the sky 空《そら》の上《うえ》のパイ

え

えびで鯛《たい》を釣《つ》る

小《ちい》さなえびをえさにして、りっぱな鯛《たい》を釣《つ》り上《あ》げる。**少《すこ》しの元手《もとで》や労力《ろうりょく》だけで、大《おお》きな利益《りえき》を得《え》ること**のたとえ。

つかってみよう

● 「おばあちゃんの好《す》きなお菓子《かし》を買《か》っていったの」

● 「おばあちゃん、喜《よろこ》んだでしょう」

● 「うん、大喜《おおよろこ》び。そして、わたしに服《ふく》をプレゼントしてくれたの」

● 「えっ！　お菓子《かし》で服《ふく》を？　**えびで鯛《たい》を釣《つ》ったわね**」

さんこう

短《みじか》く「**えびたい**」ともいう。

英語《えいご》のことわざ	Venture a small fish to catch a great one. 大《おお》きな魚《さかな》をとるために小魚《こざかな》を賭《か》けよ。

え

縁《えん》の下《した》の力持《ちからも》ち

縁《えん》の下《した》の土台《どだい》は、見《み》えない所《ところ》で大《おお》きな家《いえ》を支《ささ》えている。**人《ひと》に知《し》られない所《ところ》でみんなのために力《ちから》をつくしていること、また、そのような人《ひと》**をたとえたことば。

つかってみよう

- 「夜中《よなか》に、線路《せんろ》を点検《てんけん》している人《ひと》がいる」
- 「えらいなあ。だから、電車《でんしゃ》が安全《あんぜん》に走《はし》れるんだね」
- 「そう、**縁《えん》の下《した》の力持《ちからも》ち**だ」
- 「そういう人《ひと》たちのことを忘《わす》れてはいけないね」

コラム 2

役立《やくだ》つ!「ことわざ」

学校《がっこう》の中《なか》では「廊下《ろうか》は静《しず》かに歩《ある》きましょう」とか「手《て》を洗《あら》いましょう」なんてよく貼《は》り紙《がみ》をしてあるのを見《み》かけますし、街《まち》の中《なか》では「横断歩道《おうだんほどう》をわたりましょう」とか「ゴミはゴミ箱《ばこ》へ」なんて注意書《ちゅういが》きみたいなものがあちらこちらにあるわけですが、ま、仕方《しかた》ないと言《い》えば仕方《しかた》がない、ダメッと言《い》っても廊下《ろうか》を走《はし》るやつはいるし、手《て》なんかぜんぜん洗《あら》わないやつもいるわけで、先生《せんせい》がいくら言《い》っても仕方《しかた》ないので、とりあえず書《か》い

て貼《は》っておくわけです。街《まち》の中《なか》でも信号《しんごう》なんか守《まも》らないで適当《てきとう》に道路《どうろ》をわたって、それだけなら、ま、いいのですけどやっぱり自動車《じどうしゃ》にひかれちゃったり、自転《じてん》車《しゃ》とぶつかったりするやつが実際《じっさい》いるわけで、警察官《けいさつかん》も大変《たいへん》だし、ひかれちゃうやつも大変《たいへん》ですから、「横《おう》断歩道《だんほどう》をわたりましょう」と一応《いちおう》書《か》いておかなくてはいけないわけね。ゴミだって同《おな》じです。ゴミ箱《ばこ》さがすのが面倒臭《めんどうくさ》いということもありますけど、とにかく人《にん》間《げん》、よくゴミを出《だ》しますし捨《す》てるわけです。適当《てきとう》に捨《す》てるわけです。だから道路掃除《どうろそうじ》の人《ひと》も困《こま》るし、だいいち汚《きたな》いのさ。そこで「ゴミを捨《す》ててはダメ！」と書《か》いておくということになります。

　ま、ぼくもあまり立派《りっぱ》なことを言《い》う資格《しかく》はなくて、適当《てきとう》に道《みち》はわたるし、手《て》はあんまり洗《あら》わないし、ちっちゃなゴミなら、ま、いいか……なんてタイプですから、そんな貼《は》り紙《がみ》とか注意《ちゅうい》書《が》きなんか出《だ》してどうするんだ！　そんなものいらないぞ！　などとは言《い》えません。

　そこでぼくの提案《ていあん》、こういう時《とき》こそのことわざ「人《ひと》の振《ふ》り見《み》て我《わ》が振《ふ》り直《なお》せ」がいいと思《おも》います。これをきちんとした書体《しょたい》で美《うつく》しく印刷《いんさつ》して街《まち》のあちらこちらに貼《は》り出《だ》す。とにかく「人《ひと》の振《ふ》り見《み》て我《わ》が振《ふ》り直《なお》せ」です。学校《がっこう》の中《なか》もこれです。廊下《ろうか》をバタバタ走《はし》っているやつを見《み》かけたら、「あぶないから走《はし》らないで！」なんてわざわざ言《い》わないで、だまって貼《は》り紙《がみ》を指《ゆび》さす。

「ん？　人《ひと》の振《ふ》り見《み》て我《わ》が振《ふ》り直《なお》せ？　なんじゃこれ？」

そこでさらにまだバタバタ走《はし》っているやつを軽《かる》く指《ゆび》さしておいてちょっとほほ笑《え》んだりすればよろしい。「おお、あれは危《あぶ》なそう、騒《さわ》がしそう、なんだかカッコ悪《わる》い……」と思《おも》わせるわけです。なかなかおしゃれな注《ちゅう》意《い》の仕方《しかた》です。「ダメッ！」「やめなさい！」「いけません！」などと注意《ちゅうい》する方《ほう》もカッカしちゃうような言《い》い方《かた》ではない、まさにことわざの力《ちから》を借《か》りるわけです。どう？

お

同《おな》じ穴《あな》のむじな

同《おな》じ穴《あな》にすんでいるむじな。**別《べつ》のように見《み》えても、実《じつ》は同《おな》じ仲間《なかま》である**というたとえ。

▽「むじな」は、あなぐまの別《べつ》の名《な》。

つかってみよう

●「うちの社長《しゃちょう》は、お金《かね》もうけばかり考《かんが》えている。副社長《ふくしゃちょう》はそうでもなさそうだけれど…」

●「そうかなあ。やっぱりずるがしこいよ」

●「二人《ふたり》とも、**同《おな》じ穴《あな》のむじな**か」

さんこう

よくない意味《いみ》で使《つか》う。

「**一《ひと》つ穴《あな》のむじな**」ともいう。

お

鬼《おに》に金棒《かなぼう》

強《つよ》い鬼《おに》が武器《ぶき》として金棒《かなぼう》を持《も》てば、さらに強《つよ》くなる。**強《つよ》い者《もの》がよい条件《じょうけん》を手《て》にして、さらに強《つよ》くなること**のたとえ。

▽「金棒《かなぼう》」は、鉄《てつ》の棒《ぼう》。

つかってみよう

- 「今年《ことし》、うちのチームは優勝《ゆうしょう》した。なにしろ強《つよ》い」
- 「今度《こんど》、山田投手《やまだとうしゅ》が入《はい》ってくるそうだ」
- 「えっ！　あのすごい山田君《やまだくん》が？」
- 「そう」
- 「**鬼《おに》に金棒《かなぼう》**だ。来年《らいねん》も連続優勝《れんぞくゆうしょう》、まちがいなしだね」

お

鬼《おに》の居《い》ぬ間《ま》に洗《せん》濯《たく》

鬼《おに》にこき使《つか》われていた人《ひと》たちが、鬼《おに》のいない間《あいだ》に命《いのち》の洗濯《せんたく》をする。

きびしい上《うえ》の人《ひと》がいない間《あいだ》に、のんびりしたり好《す》きなことをしたりすることのたとえ。

つかってみよう

- 「うちにいると、お母《かあ》さんはいつも勉強《べんきょう》しろ勉強《べんきょう》しろってうるさいけれど…」
- 「今日《きょう》はお出《で》かけで、いないね」
- 「じゃ、二人《ふたり》で遊《あそ》びにいこう」
- 「お母《かあ》さんを鬼《おに》にしてしまっては悪《わる》いけれど…」
- 「**鬼《おに》の居《い》ぬ間《ま》に洗濯《せんたく》**だね」

さんこう

ここの「洗濯《せんたく》」は、つもりつもった心《こころ》の中《なか》の苦《くる》しみやつかれを洗《あら》い流《なが》すこと。

英語《えいご》のことわざ	When the cat's away, the mice will play. ねこがいないとねずみが遊《あそ》ぶ。

お

鬼《おに》の目《め》にも涙《なみだ》

情《なさ》け知《し》らずの鬼《おに》でさえ、涙《なみだ》をうかべる。**心《こころ》の冷《つめ》たい人《ひと》でも、心《こころ》を動《うご》かされて涙《なみだ》を流《なが》すこともある**というたとえ。

つかってみよう

- 「あのコーチ…」
- 「いつもこわいね」
- 「この間《あいだ》、試合《しあい》のときに、泣《な》いていたよ」
- 「えっ！　あのこわいコーチが？」
- 「そう、あのコーチがきびしくきたえた選手《せんしゅ》が活躍《かつやく》したら、涙《なみだ》をぽろぽろと…」
- 「それは、うれし涙《なみだ》…**鬼《おに》の目《め》にも涙《なみだ》**だよ」

お

帯《おび》に短《みじか》し襷《たすき》に長《なが》し

帯《おび》にするには短《みじか》すぎるし、たすきにするには長《なが》すぎて使《つか》えない。**中途半端《ちゅうとはんぱ》で、役《やく》に立《た》たないようす**のたとえ。

▽「襷《たすき》」は、仕事《しごと》をするとき、じゃまにならないように着《き》物《もの》のそでをまくりあげるひも。

つかってみよう

- 「この手鏡《てかがみ》、うちで使《つか》うには小《ちい》さすぎるし…」
- 「そうね」
- 「外《そと》に持《も》っていくには、かさばるし…」
- 「たしかに、そうね」
- 「**帯《おび》に短《みじか》し襷《たすき》に長《なが》し**だわ」
- 「いっそのこと、使《つか》い道《みち》に合《あ》わせて、別々《べつべつ》に二《ふた》つ買《か》ったほうがいいわよ」

お

溺《おぼ》れる者《もの》は藁《わら》をも掴《つか》む

水《みず》に溺《おぼ》れた者《もの》は、浮《う》いているわらにさえもすがりついて、助《たす》かろうとする。**苦《くる》しいとき、困《こま》ったときには、まったくたよりにならないものにまですがりつこうとする**たとえ。

つかってみよう

- 「夏休《なつやす》みももう終《お》わりなのに、宿題《しゅくだい》がなかなかできない」
- 「お兄《にい》ちゃん、遊《あそ》びすぎたんだよ」
- 「そうかもしれないけど、難《むずか》しい問題《もんだい》ばかり並《なら》んでいるんだ」
- 「かわいそうだね」
- 「おまえ、一《ひと》つでも二《ふた》つでも解《と》いてくれないか」
- 「えっ！　どうして？　ぼく、わからないよ」
- 「たのむ。**溺《おぼ》れる者《もの》は藁《わら》をも掴《つか》む**気持《きも》ちなんだ」

英語《えいご》のことわざ　A drowning man will catch at a straw.
溺《おぼ》れる者《もの》は藁《わら》をも掴《つか》む。

お

親《おや》の心《こころ》子《こ》知《し》らず

親《おや》は子《こ》どもを思《おも》っていろいろ心配《しんぱい》するが、子《こ》どもは親《おや》の苦労《くろう》を知《し》らないで、勝手《かって》にふるまっている。

つかってみよう

- 「危《あぶ》ないから、暗《くら》くならないうちに帰《かえ》っていらっしゃい」
- 「だいじょうぶだよ。ぼくは、もう六年生《ろくねんせい》だもの」
- 「だけど、まだ子《こ》どもよ」
- 「子《こ》ども子《こ》どもって、言《い》わないで。大人《おとな》には負《ま》けない自信《じしん》があるから」
- 「ほんとうに、**親《おや》の心《こころ》子《こ》知《し》らず**ね。心配《しんぱい》しているのがわからないのかしら」

英語《えいご》のことわざ
The love of the parent is unrecognized by the child.
親《おや》の愛《あい》は子《こ》どもにはわからない。

お

終《お》わりよければすべてよし

途中《とちゅう》でいろいろ失敗《しっぱい》があったとしても、最後《さいご》のしめくくりがしっかりできれば、全《ぜん》部《ぶ》よかったといっていい。

何事《なにごと》も、最後《さいご》の結果《けっか》がだいじである。

つかってみよう

- 「研究発表《けんきゅうはっぴょう》は、さんざんだったよ」
- 「いやいや、上手《じょうず》にできたよ」
- 「最初《さいしょ》はあがってしまって、しどろもどろ」
- 「だれだって、初《はじ》めはそうだよ」
- 「最後《さいご》のほうで、やっと調子《ちょうし》が出《で》てきた」
- 「**終《お》わりよければすべてよし**。大成功《だいせいこう》だったよ」

英語《えいご》のことわざ	All is well that ends well. 終《お》わりがよければすべてよい。

お

恩《おん》を仇《あだ》で返《かえ》す

恩《おん》を受《う》けた相手《あいて》に、恩返《おんがえ》しをするどころか、害《がい》をあたえるような仕打《しう》ちをする。

▽「仇《あだ》」は、害《がい》になるもの。

つかってみよう

●「あの男《おとこ》には、商売《しょうばい》のこつをみっちりしこんでやり…」

●「親方《おやかた》は、一生懸命《いっしょうけんめい》でしたね」

●「店《みせ》も持《も》たせてやったのに…」

●「独立《どくりつ》しましたね」

●「今度《こんど》は、わしのこの本店《ほんてん》を乗《の》っ取《と》ろうとしている」

●「それはひどい。**恩《おん》を仇《あだ》で返《かえ》す**気《き》ですね」

さんこう

〈似《に》た意味《いみ》のことば〉「**後足《あとあし》で砂《すな》をかける**」犬《いぬ》が後《あと》足《あし》で砂《すな》をけとばして去《さ》っていく。

か

飼《か》い犬《いぬ》に手《て》を噛《か》まれる

ふだんからかわいがってきた飼《か》い犬《いぬ》に手《て》をかまれる。**世話《せわ》をした者《もの》に裏切《うらぎ》られ、ひどい目《め》にあう**たとえ。

つかってみよう

●「どうしたんですか、その傷《きず》は？」

●「馬《うま》にふり落《お》とされたんだ」

●「えっ！　あのかわいがって世話《せわ》をしていた馬《うま》に？」

●「くやしいな。相手《あいて》は馬《うま》だけれど、**飼《か》い犬《いぬ》に手《て》を噛《か》まれた**ようなものだ。ああ痛《いた》かった」

か

臥薪嘗胆
（が　しん　しょう　たん）

目的《もくてき》を達成《たっせい》するために、また、かたきを討《う》つために、つらい経験《けいけん》を重《かさ》ねて、その強《つよ》い気持《きも》ちを忘《わす》れないようにする。

▽「臥薪《がしん》」は、薪《たきぎ》の上《うえ》に臥《ふ》すこと。「嘗胆《しょうたん》」は、胆《きも》を嘗《な》めること。

つかってみよう

●「お兄《にい》ちゃん、このごろ猛勉強《もうべんきょう》だね」

●「すごいわね。今《いま》までとは、まるでちがう」

●「入学試験《にゅうがくしけん》に落《お》ちたのが、よっぽどこたえたのかな」

●「そう、あのくやしさが忘《わす》れられないみたい。**臥薪嘗胆《がしんしょうたん》**でがんばってほしいわ」

さんこう

昔《むかし》、呉《ご》と越《えつ》の国《くに》はしばしば争《あらそ》っていたが、ついに呉《ご》の軍《ぐん》が敗《やぶ》れ、呉王闔閭《ごおうこうりょ》は負傷《ふしょう》がもとで死《し》んだ。新《あたら》しく王《おう》となった闔閭《こうりょ》の子《こ》の夫差《ふさ》は、父《ちち》の敵《かたき》である越王《えつおう》の勾践《こうせん》を討《う》つために、わざと薪《たきぎ》の上《うえ》に寝《ね》て、そのからだの痛《いた》みで勾践《こうせん》へのうらみを忘《わす》れないようにした。そして、ついに会稽《かいけい》山《ざん》で勾践《こうせん》を破《やぶ》った。

一方《いっぽう》、敗《やぶ》れた勾践《こうせん》は、熊《くま》の苦《にが》い胆《きも》を部屋《へや》にかけてそれをなめ、会稽山《かいけいざん》での恥《はじ》を忘《わす》れないように努《つと》め、ついに夫差《ふさ》を滅《ほろ》ぼした。

（中国《ちゅうごく》の書物《しょもつ》「十八史略《じゅうはっしりゃく》」にある話《はなし》から）

火《か》中《ちゅう》の栗《くり》を拾《ひろ》う

火《ひ》の中《なか》にある、熱《あつ》くなった栗《くり》を拾《ひろ》う。**他人《たにん》の利益《りえき》のために危険《きけん》なことをすること**のたとえ。

つかってみよう

●「木村君《きむらくん》が、となりの組《くみ》のグループにいじめられたんだって」

●「えっ、また？　ひどいな」

●「君《きみ》、強《つよ》いから、やっつけてきなよ。正義《せいぎ》の味方《みかた》だろう」

●「ようし…」

●「だめだめ、相手《あいて》は五人《ごにん》よ。それは**火中《かちゅう》の栗《くり》を拾《ひろ》う**ようなものよ。先生《せんせい》に相談《そうだん》したほうがいいわ」

さんこう

「猿《さる》にそそのかされた猫《ねこ》が、火《ひ》の中《なか》の栗《くり》を拾《ひろ》って大《おお》やけどをしてしまった」という、イソップの話《はなし》から。

英語《えいご》のことわざ	pull (a person's) chestnuts out of the fire （人《ひと》の）栗《くり》を火《ひ》の中《なか》から取《と》り出《だ》す

か

勝《か》って兜《かぶと》の緒《お》を締《し》めよ

戦《いくさ》に勝《か》っても、また敵《てき》がおそってくるかもしれないので、兜《かぶと》をぬがないで、兜《かぶと》のひもを締《し》めておきなさい。**成功《せいこう》したからといって、気《き》をゆるめないで、いっそう心《こころ》を引《ひ》き締《し》めなさい**といういましめ。

▽「兜《かぶと》の緒《お》」は、兜《かぶと》を頭《あたま》に結《むす》びつけるひも。

つかってみよう

● 「ばんざい、優勝《ゆうしょう》した！」

● 「あしたから、また練習《れんしゅう》だ」

● 「えっ、監督《かんとく》？　少《すこ》しのんびりしましょうよ」

● 「**勝《か》って兜《かぶと》の緒《お》を締《し》めよ**だ。来年《らいねん》に向《む》けて、さっそくスタートする」

か

河童《かっぱ》の川《かわ》流《なが》れ

泳《およ》ぎの上手《じょうず》な河童《かっぱ》でも、おぼれることがある。

どんなにすぐれている人《ひと》でも、ときには失敗《しっぱい》することがあるというたとえ。

つかってみよう

- 「えーと、『片《かた》』の字《じ》の書《か》き順《じゅん》は、…あれれ、忘《わす》れちゃった。ごめん、ごめん」
- 「えっ！　漢字《かんじ》が得意《とくい》な先生《せんせい》が、忘《わす》れたの？」
- 「先生《せんせい》を河童《かっぱ》にたとえては申《もう》し訳《わけ》ないけれど…まるで、**河童《かっぱ》の川流《かわなが》れ**ね」

さんこう

〈似《に》た意味《いみ》のことば〉「**弘法《こうぼう》にも筆《ふで》の誤《あやま》り**」（113ページ）・「**猿《さる》も木《き》から落《お》ちる**」（123ページ）・「**上手《じょうず》の手《て》から水《みず》が漏《も》る**」（142ページ）

英語《えいご》のことわざ　Even Homer sometimes nods.
（詩聖《しせい》）ホーマーでさえいねむりをする（つまらない詩《し》を書《か》く）ことがある。

か

壁《かべ》に耳《みみ》あり障《しょう》子《じ》に目《め》あり

ないしょ話《ばなし》をするときには、となりの部《へ》屋《や》から壁《かべ》に耳《みみ》をつけて聞《き》いている人《ひと》や、障《しょう》子《じ》に穴《あな》をあけてのぞいている人《ひと》がいるかもしれないから、注《ちゅう》意《い》したほうがよい。**どこでだれが聞《き》いているか見《み》ているかわからない。ないしょ話《ばなし》や秘密《ひみつ》はもれやすいこと**のたとえ。

つかってみよう

- 「このおやつはかくしておいて、あとで二人《ふたり》だけで食《た》べようね」
- 「もっと小《ちい》さな声《こえ》で話《はな》そうよ。**壁《かべ》に耳《みみ》あり障《しょう》子《じ》に目《め》あり**だよ」

英語《えいご》のことわざ	Walls have ears. 壁《かべ》には耳《みみ》がある。

か

果報《かほう》は寝《ね》て待《ま》て

幸運《こううん》は、いつ来《く》るか、いつ来《く》るかとあせっていないで、のんびりと待《ま》っていれば、そのうちやって来《く》るものだ。

▽「果報《かほう》」は、幸《しあわ》せ、幸運《こううん》。

つかってみよう

●「将来《しょうらい》、いい人《ひと》と結婚《けっこん》できるかな？」

●「できるといいね」

●「君《きみ》は心配《しんぱい》じゃないの？」

●「心配《しんぱい》したってしょうがないだろう。自分一《じぶんひと》人《り》で決《き》めるわけにはいかないし」

●「それもそうだけれど…」

●「**果報《かほう》は寝《ね》て待《ま》て**だ。そのうち、いい人《ひと》に会《あ》えるよ」

さんこう

〈似《に》た意味《いみ》のことば〉「**待《ま》てば海路《かいろ》の日和《ひより》あり**」（267ページ）

英語《えいご》のことわざ

Everything comes to those who wait.

待《ま》つ者《もの》にはすべてがやってくる。

烏《からす》の行《ぎょう》水《ずい》

烏《からす》の水浴《みずあ》びのように、**おふろに入《はい》っている時間《じかん》がたいへんに短《みじか》いこと**のたとえ。

つかってみよう

- 「あれっ、もう出《で》たの。ちゃんとからだを洗《あら》った?」
- 「洗《あら》ったよ」
- 「顔《かお》にどろがついたまま」
- 「えっ?」
- 「まるで**烏《からす》の行《ぎょう》水《ずい》**ね。もう一度《いちど》、きちんと洗《あら》い直《なお》してきなさい」

か

画竜点睛を欠く
(が)(りょう)(てん)(せい)　(か)

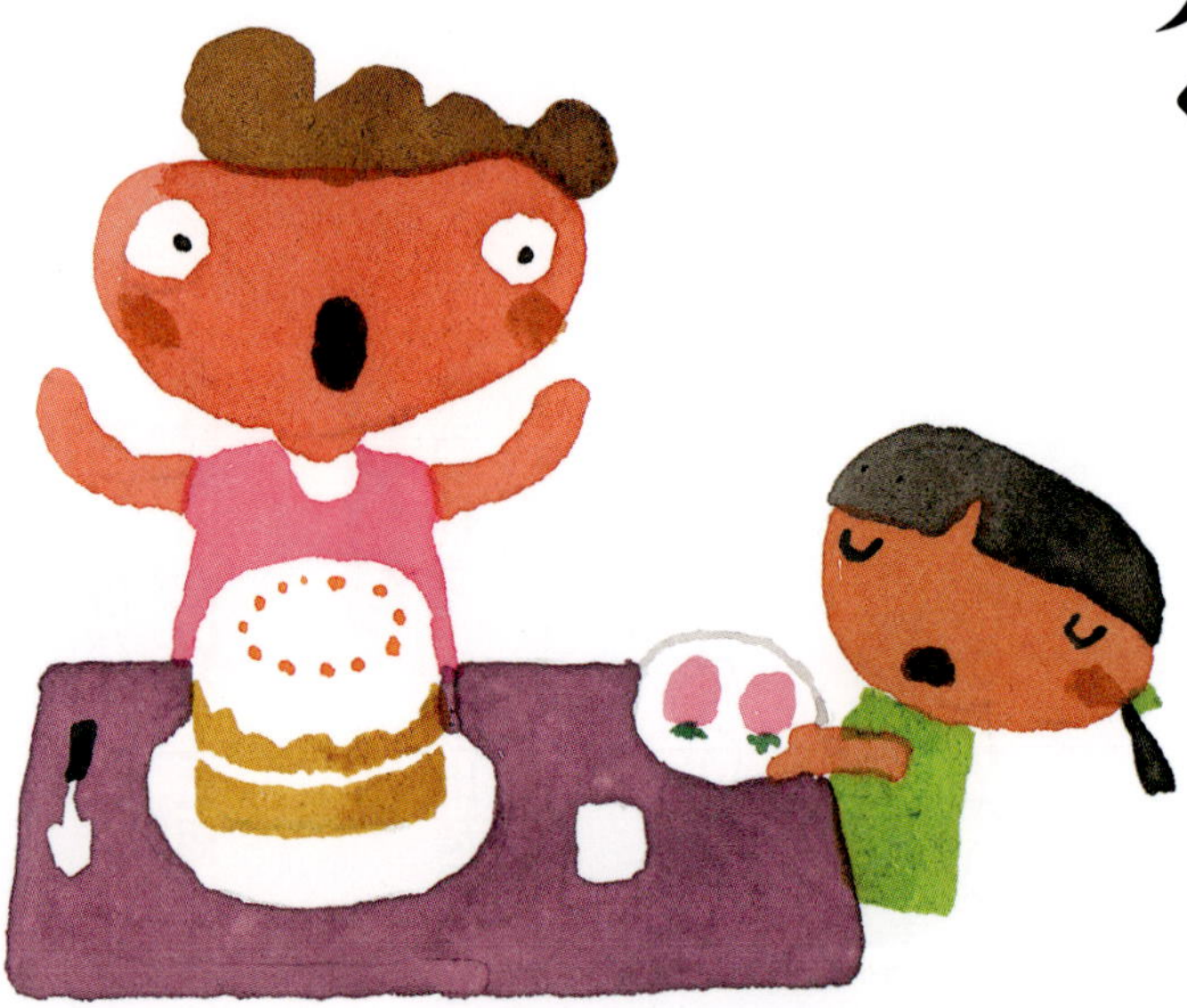

絵《え》にかいた竜《りゅう》に、ひとみがかき入《い》れられていない。

最《もっと》もだいじなものが欠《か》けていて、完成《かんせい》に至《いた》っていないたとえ。

▽「画竜《がりょう》」は、絵《え》にかいた竜《りゅう》。「睛《せい》」はひとみで、「点睛《てんせい》」は、ひとみをかき入《い》れること。

つかってみよう

● 「自分《じぶん》でも自信《じしん》のある作文《さくぶん》を書《か》いたのに…」
● 「コンクール、どうだった?」
● 「落選《らくせん》」
● 「えっ、おしいな。どうしてだろう?」
● 「名前《なまえ》を書《か》くのを忘《わす》れちゃった」
● 「おやおや、**画竜点睛《がりょうてんせい》を欠《か》く**だな」

さんこう

昔《むかし》、絵《え》の名人《めいじん》張僧繇《ちょうそうよう》が寺《てら》の壁《かべ》に四《よん》ひきの竜《りゅう》をえがいた。しかし、どの竜《りゅう》にもひとみをかき入《い》れてないので、人々《ひとびと》は不思議《ふしぎ》に思《おも》ってそのわけをたずねると、「ひとみを入《い》れると、竜《りゅう》が飛《と》んでいってしまう」と答《こた》えた。

人々《ひとびと》が信用《しんよう》しなかったので、そのうちの一《いっ》ぴきにひとみをかき入《い》れたところ、とたんにいなずまが壁《かべ》を破《やぶ》り、その竜《りゅう》は天《てん》にのぼっていった。あとの三《さん》びきは、そのまま壁《かべ》に残《のこ》っていたという。

(中国《ちゅうごく》の書物《しょもつ》にある話《はなし》から)

なお、「**画竜点睛《がりょうてんせい》**」だけだと、最《もっと》もだいじな部分《ぶぶん》を加《くわ》えて、りっぱに仕上《しあ》げる意味《いみ》になる。「点睛《てんせい》」を「点晴」と書《か》き誤《あやま》らないように注意《ちゅうい》。

か

枯《か》れ木《き》も山《やま》の賑《にぎ》わい

たとえ枯《か》れ木《き》でも、山《やま》の景色《けしき》をかざることができる。

どんなにつまらないものでも、ないよりはましであるというたとえ。

つかってみよう

- 「なに、なに？　町《まち》のパーティーを盛大《せいだい》にやりたいので、一人《ひとり》でも多《おお》く、ぜひ参加《さんか》してくださいだと」
- 「そういえば、町《まち》の役員《やくいん》の人《ひと》たち、みんなはりきって準備《じゅんび》していたよ」
- 「わしは、もう年《とし》だから、参加《さんか》は無理《むり》だな」
- 「行《い》ってあげなよ。みんな喜《よろこ》ぶよ」
- 「そうか、せっかくだから、顔《かお》を出《だ》してみるか。**枯《か》れ木《き》も山《やま》の賑《にぎ》わい**だ」

さんこう

自分《じぶん》をけんそんして使《つか》うことばで、他人《たにん》に対《たい》しては使《つか》わない。

か

可愛《かわい》い子《こ》には旅《たび》をさせよ

子《こ》どもが可愛《かわい》ければ、苦労《くろう》の多《おお》い旅《たび》に出《だ》すのがよい。**子《こ》どもをほんとうに可愛《かわい》いと思《おも》うのであれば、親《おや》の手元《てもと》からはなして、世間《せけん》で苦労《くろう》させたほうがりっぱな人間《にんげん》に成長《せいちょう》する**という教《おし》え。

つかってみよう

- 「卒業《そつぎょう》したら、よその店《みせ》に行《い》ってもらうよ」
- 「えっ、よその店《みせ》で働《はたら》くの？」
- 「そう」
- 「だって、ぼく、お父《とう》さんの店《みせ》を継《つ》ぐんでしょう？」
- 「そう。そのためには、若《わか》いうちに世間《せけん》の苦《く》労《ろう》を知《し》っておく必要《ひつよう》がある。**可愛《かわい》い子《こ》には旅《たび》をさせよ**だ。りっぱな人間《にんげん》にしたいからだよ」

さんこう

この「旅《たび》」は、親元《おやもと》からはなして苦労《くろう》させるたとえ。昔《むかし》の旅《たび》は、今《いま》とちがって、天候《てんこう》・交通《こうつう》などでたいへん苦労《くろう》が多《おお》かった。

英語《えいご》のことわざ	Spare the rod and spoil the child. むちを惜《お》しむと子《こ》どもをだめにする。

か

堪《かん》忍《にん》袋《ぶくろ》の緒《お》が切《き》れる

がまんをためておいた袋《ふくろ》のひもが、ついに切《き》れてしまう。**もうがまんができなくなって、いかりを爆発《ばくはつ》させる**たとえ。

▽「堪忍《かんにん》」は、がまん。「緒《お》」は、袋《ふくろ》の口《くち》を結《むす》ぶひも。

つかってみよう

●「今日《きょう》、先生《せんせい》が真《ま》っ赤《か》になっておこったよ」

●「えっ、あのやさしい先生《せんせい》が?」

●「だって、授業中《じゅぎょうちゅう》にけんかをする子《こ》もいるし、走《はし》り回《まわ》る子《こ》もいるし」

●「とうとう、さすがのやさしい先生《せんせい》も**堪忍《かんにん》袋《ぶくろ》の緒《お》が切《き》れた**のね」

さんこう

「堪忍袋《かんにんぶくろ》」は、がまんする心《こころ》を袋《ふくろ》にたとえたことば。

き

聞《き》いて極《ごく》楽《らく》見《み》て地《じ》獄《ごく》

極楽《ごくらく》のようにすてきな所《ところ》と聞《き》いていたけれど、実際《じっさい》に見《み》てみると地獄《じごく》のようにひどい。

話《はな》に聞《き》くのと実際《じっさい》に見《み》るのとでは、大《おお》きなちがいがあることのたとえ。

つかってみよう

- 「高台《たかだい》にある景色《けしき》のいい二階建《にかいだ》ての家《いえ》と聞《き》いて、来《き》てみたけれど…」
- 「なんだか、かたむいているみたい」
- 「強《つよ》い風《かぜ》がふいたら、いっぺんにたおれそうだ」
- 「がけくずれの心配《しんぱい》もあるし」
- 「これでは、とても住《す》めない。**聞《き》いて極楽《ごくらく》見《み》て地獄《じごく》**だね。ひどいなあ」

き

聞《き》くは一時《いっとき》の恥《はじ》 聞《き》かぬは一生《いっしょう》の恥《はじ》

知《し》らないことを人《ひと》に聞《き》くのは、そのときははずかしい気持《きも》ちがするけれど、聞《き》かずに知《し》らないまま過《す》ごせば、一生《いっしょう》はずかしい思《おも》いをする。**わからないときは、すぐに聞《き》きなさい**という教《おし》え。

つかってみよう

- 「君《きみ》は、『ことわざ』をよく知《し》っているね」
- 「まあまあね」
- 「ところで、『ことわざ』って、どういう意《い》味《み》？『慣用句《かんようく》』とどうちがうの？」
- 「えっ、困《こま》ったな。得意《とくい》なのに、知《し》らないとははずかしい。そうだ、**聞《き》くは一時《いっとき》の恥《はし》聞《き》かぬは一生《いっしょう》の恥《はじ》**。先生《せんせい》に聞《き》いてくるよ」

さんこう

「**聞《き》くは一時《いっとき》の恥《はじ》聞《き》かぬは末代《まつだい》の恥《はじ》**」ともいう。

英語《えいご》のことわざ　Asking makes one appear foolish, but not asking makes one foolish indeed.
聞《き》くとおろか者《もの》に見《み》えるが、聞《き》かなければ実際《じっさい》におろか者《もの》になる。

き

雉《きじ》も鳴《な》かずばうたれまい

きじはおとなしくしていればいいのに、鳴《な》いたりするから、すぐに人間《にんげん》に見《み》つかってうたれてしまう。
よけいなことをしなければ、災難《さいなん》にあうことはないといういましめ。

つかってみよう

- 「先生《せんせい》。山口君《やまぐちくん》が昨日《きのう》学校《がっこう》の帰《かえ》りに…」
- 「道草食《みちくさく》ってたのか？」
- 「そう、川原《かわら》で石投《いしな》げをしていたよ。向《む》こうの岸《きし》の家《いえ》にとどきそうだった」
- 「危《あぶ》ないなあ。だれといっしょだった？」
- 「ぼく」
- 「君《きみ》もいけない！」
- 「しまった。**雉《きじ》も鳴《な》かずばうたれまい**か」

さんこう

きじの声《こえ》は高《たか》いので、まわりによくひびく。

〈似《に》た意味《いみ》のことば〉「**口《くち》は禍《わざわい》の門《かど》**」（98ページ）

き

木《き》に竹《たけ》を接《つ》ぐ

木《き》に、種類《しゅるい》のちがう竹《たけ》をつぎあわせる。**つり合《あ》いのとれないことや、前《まえ》と後《あと》で筋《すじ》が通《とお》らないことをする**たとえ。

つかってみよう

● 「君《きみ》がかいた絵《え》、へんだな」
● 「へん?」
● 「上手《じょうず》なのか下手《へた》なのかわからない」
● 「どうして?」
● 「うしろの景色《けしき》はよくかけているけれど…、人物《じんぶつ》がひどい」
● 「ばれたか。景色《けしき》はお母《かあ》さんがかいて、人物《じんぶつ》はぼくがかいたんだ」
● 「**木《き》に竹《たけ》を接《つ》ぐ**だね。ちがいすぎるよ」

さんこう

接《つ》ぎ木《き》は、ふつう、木《き》の芽《め》や枝《えだ》を切《き》り取《と》って、ほかの性質《せいしつ》の似《に》ている木《き》の枝《えだ》や幹《みき》にさしたりして、数《かず》を増《ふ》やすために行《おこな》う。

き

九死《きゅうし》に一生《いっしょう》を得《え》る

十分《じゅうぶん》の九《きゅう》は死《し》に、十分《じゅうぶん》の一《いち》だけ生《い》きられるという、**非常《ひじょう》に危《あぶ》ない場面《ばめん》から助《たす》かること**のたとえ。

つかってみよう

- 「たいへんだったそうだね」
- 「そう。船《ふね》がひっくり返《かえ》って、海《うみ》に投《な》げ出《だ》され、一晩水《ひとばんみず》の中《なか》だったよ」
- 「一晩《ひとばん》も」
- 「そう。朝《あさ》になって、幸《さいわ》い近《ちか》くを通《とお》った船《ふね》が見《み》つけてくれて」
- 「それはよかった。**九死《きゅうし》に一生《いっしょう》を得《え》る**体験《たいけん》だね。まるで映画《えいが》みたいだ」

き

窮《きゅう》すれば通《つう》ず

もうどうしようもない苦《くる》しい立場《たちば》に追《お》いつめられると、かえってよい考《かんが》えがうかび、なんとかなるものだ。

▽「窮《きゅう》する」は、行《ゆ》きづまって困《こま》りはてること。「通《つう》ず」は、道《みち》が開《ひら》けるの意味《いみ》。

つかってみよう

●「経営《けいえい》していた料理店《りょうりてん》がつぶれ…」

●「かわいそう。たいへんだったね」

●「しかたなく、自分《じぶん》のアイデアで、健康的《けんこうてき》なお弁当《べんとう》を作《つく》って、駅前《えきまえ》で売《う》ってみたら、すぐ売《う》り切《き》れた」

●「へえ」

●「今《いま》ではすっかり評判《ひょうばん》になり、大《だい》はんじょう。自分《じぶん》でもびっくりだよ」

●「**窮《きゅう》すれば通《つう》ず**だね。よかった、よかった」

さんこう

中国《ちゅうごく》の書物《しょもつ》にあることば。

英語《えいご》のことわざ	Necessity is a hard weapon. 必要《ひつよう》はがんじょうな武器。

き

窮《きゅう》鼠《そ》猫《ねこ》を噛《か》む

猫《ねこ》に追《お》いつめられた鼠《ねずみ》（＝窮鼠《きゅうそ》）が猫《ねこ》にかみつくということで、**追《お》いつめられて必死《ひっし》になれば、どんなに弱《よわ》い者《もの》でも、強《つよ》い者《もの》を打《う》ち破《やぶ》ることがある**というたとえ。

つかってみよう

●「あと一敗《いっぱい》で、番付《ばんづけ》が落《お》ちてしまう」

●「今日《きょう》の相手《あいて》は、全勝《ぜんしょう》の横綱《よこづな》だよ」

●「とても歯《は》が立《た》たないなあ。今《いま》まで、一度《いちど》も勝《か》ったことがない。まるで、大人《おとな》と子《こ》どもだ」

●「なにしろ、横綱《よこづな》は強《つよ》すぎるからね」

●「でもかんたんには負《ま》けられない。**窮《きゅう》鼠《そ》猫《ねこ》を噛《か》む**ということもある。横綱《よこづな》を土俵際《どひょうぎわ》まで追《お》いつめてみせるぞ」

さんこう

中国《ちゅうごく》の書物《しょもつ》にあることば。

英語《えいご》のことわざ	Despair gives courage to a coward. 絶望《ぜつぼう》するとおくびょう者《もの》も度胸《どきょう》がすわる。

き

漁《ぎょ》夫《ふ》の利《り》

英語《えいご》のことわざ

While two dogs are fighting for a bone, the third runs away with it.
二匹《にひき》の犬《いぬ》が骨《ほね》を取《と》ろうと争《あらそ》っている間《あいだ》に、三番目《さんばんめ》の犬《いぬ》がそれを持《も》って逃《に》げる。

二人《ふたり》が争《あらそ》っているすきに、ほかの者《もの》が入《はい》りこんできて、苦労《くろう》をしないで利益《りえき》を持《も》っていってしまうこと。

▽「漁夫《ぎょふ》」は、漁師《りょうし》。「利《り》」は、利益《りえき》・もうけ。

つかってみよう

● 「このカードはぼくが見《み》つけたんだ」

● 「ちがうよ、ぼくが先《さき》だよ」

● 「ぼくだよ」

● 「ぼくだよ」

● 「おや、あの二人《ふたり》、カードをそっちのけにしてけんかしている。もったいないなあ。では、**漁夫《ぎょふ》の利《り》**で、ぼくがもらっていきます」

さんこう

水鳥《みずどり》のしぎがはまぐりを食《た》べようとつついたので、はまぐりは貝《かい》をとじてしぎのくちばしをはさんでしまった。しぎは「あけろ」と言《い》い、はまぐりは「あけない」と争《あらそ》っているうちに、そこを通《とお》りかかった漁師《りょうし》が、「おやおや、これはいいものを見《み》つけたぞ」と、両方《りょうほう》を持《も》っていってしまったという。

(中国《ちゅうごく》の書物《しょもつ》にある話《はなし》から)

き

木《き》を見《み》て森《もり》を見《み》ず

一本一本《いっぽんいっぽん》の木《き》を見《み》ているが、森全体《もりぜんたい》を見《み》ていない。**細《こま》かい部分《ぶぶん》だけに気《き》をとられ、全体《ぜんたい》のことを見《み》ようとしない、せまい考《かんが》え方《かた》**のたとえ。

つかってみよう

- 「先生《せんせい》。ぼく、線《せん》を引《ひ》いていないノートに字《じ》を書《か》くとき、どんどん曲《ま》がっていってしまうのです」
- 「君《きみ》は、字《じ》ばかり見《み》ているだろう」
- 「はい。一字一字《いちじいちじ》、一生懸命《いっしょうけんめい》見《み》ながら書《か》いています」
- 「字《じ》を見《み》るのはもちろんだいじだけれど、ノートのページ全体《ぜんたい》にも気《き》をつけて書《か》いてごらん。まっすぐ書《か》けるよ」
- 「なるほど。**木《き》を見《み》て森《もり》を見《み》ず**だったのですね」

英語《えいご》のことわざ	You cannot see the wood for trees. 木《き》のために森《もり》を見《み》ることができない。

苦《く》あれば楽《らく》あり 楽《らく》あれば苦《く》あり

苦《くる》しいことがあれば、楽《たの》しいことがあり、楽《たの》しいことがあれば苦《くる》しいこともある。**世《よ》の中《なか》は、苦《くる》しいことや楽《たの》しいことがいつまでも続《つづ》くわけではない。**

つかってみよう

● 「試験《しけん》に落《お》ちて、がっかりするのはわかるけれど…」
● 「もう、絶望《ぜつぼう》だよ」
● 「人生《じんせい》には、いろいろあるよ。いつもいやなことばかりではないよ」
● 「そうかなあ」
● 「そうさ。**苦《く》あれば楽《らく》あり楽《らく》あれば苦《く》あり**だ。がんばりなよ」

さんこう

「**苦《く》あれば楽《らく》あり**」「**楽《らく》あれば苦《く》あり**」と分《わ》けて使《つか》うこともある。

〈似《に》た意味《いみ》のことば〉「**楽《らく》は苦《く》の種《たね》苦《く》は楽《らく》の種《たね》**」

英語《えいご》のことわざ	No pain, no gain. 苦労《くろう》のないところに利益《りえき》はない。

くさい物《もの》にふたをする

くさい物《もの》が入《はい》った入《い》れ物《もの》にふたをして、においが外《そと》にもれないようにする。**人《ひと》に知《し》られたくない悪《わる》いことやはずかしいことを、一時的《いちじてき》にかくすこと**のたとえ。

つかってみよう

- 「ぼくのいたずらを、だれにも言《い》わないで」
- 「えっ、ぼくが言《い》わなくても、そのうちわかっちゃうよ」
- 「だいじょうぶ。君《きみ》さえだまっていれば、だれにもばれない」
- 「**くさい物《もの》にふたをする**か。それより、君《きみ》が反省《はんせい》したほうが、君《きみ》のためにもみんなのためにもなるよ」

く

腐《くさ》っても鯛《たい》

たとえ腐《くさ》っても、鯛《たい》にはすぐれた魚《さかな》としての値打《ねう》ちが残《のこ》っている。**もとりっぱだったものは、年《とし》を取《と》っても、落《お》ちぶれても、どこか値打《ねう》ちがある**というたとえ。

つかってみよう

- 「あの厚《あつ》い辞典《じてん》、少《すこ》しはげかかっているね」
- 「おじいさんの時代《じだい》から使《つか》っているからね」
- 「へえ、そんなに古《ふる》いの」
- 「あれほど役《やく》に立《た》つ辞典《じてん》は、ほかになかったな。わが家《や》の宝《たから》みたいなものだよ。**腐《くさ》っても鯛《たい》**で、本棚《ほんだな》の中《なか》でも堂々《どうどう》としているだろう?」
- 「たしかに、りっぱだね」

英語《えいご》のことわざ	A good horse becomes never a jade. 名馬《めいば》はけっして駄馬《だば》にならぬ。

口《くち》は禍《わざわい》の門《かど》

口《くち》から出《で》る不《ふ》注意《ちゅうい》なことばはわざわいをまねくことがあるので、ことばには気《き》をつけなさいといういましめ。

つかってみよう

- 「ふざけて『ばかみたい』って言《い》ったら、小《こ》山《やま》さん…」
- 「おこったでしょう」
- 「そう。それ以来《いらい》、絶交状態《ぜっこうじょうたい》」
- 「たとえふざけていても、『ばか』はよくないわ。**口《くち》は禍《わざわい》の門《かど》**よ。謝《あやま》ったほうがいいわ」

さんこう

〈似《に》た意味《いみ》のことば〉「**病《やまい》は口《くち》より入《い》り、禍《わざわい》は口《くち》より出《い》ず**」

英語《えいご》のことわざ	Out of the mouth comes evil. 口《くち》から出《で》ることがわざわいになる。

く

口《くち》も八《はっ》丁《ちょう》手《て》も八《はっ》丁《ちょう》

口《くち》で話《はな》すのも、手《て》を使《つか》って仕事《しごと》をするのも、なんでも上手《じょうず》なこと。

▽「八丁《はっちょう》」は、八《やっ》つの道具《どうぐ》で、何でも使《つか》いこなす意味《いみ》。

つかってみよう

- 「山口《やまぐち》さんは、何《なに》をやっても上手《じょうず》ね」
- 「司会《しかい》をしても、絵《え》をかくのも…」
- 「**口《くち》も八丁《はっちょう》手《て》も八丁《はっちょう》**ね」
- 「うらやましいわ」
- 「そうね。口《くち》だけでもまねしてみたいわ」
- 「わたしは、手《て》だけでもまねしてみたいわ」

さんこう

〈反対《はんたい》の意味《いみ》のことば〉「**口《くち》じまんの仕事下手《しごとべた》**」

苦《くる》しい時《とき》の神《かみ》頼《だの》み

常日《つねひ》ごろ神《かみ》や仏《ほとけ》を信《しん》じない人《ひと》が、苦《くる》しい時《とき》、にわかに神《かみ》や仏《ほとけ》にすがろうとすること。**いつもはつきあいがない人《ひと》にも、自分《じぶん》の困《こま》った時《とき》にだけ頼《たよ》ろうとする**たとえ。

つかってみよう

●「試験《しけん》がせまっているのに、どうしてもこの問題《もんだい》が解《と》けないんだ」

●「それで？」

●「君《きみ》に教《おし》えてもらいたいんだ」

●「なんで、ぼくに？　君《きみ》はいつも、ぼくに冷《つめ》たいじゃないか」

●「そこをなんとか。君《きみ》とぼくは昔《むかし》の友達《ともだち》だろう」

●「おやおや、勝手《かって》だな。**苦《くる》しい時《とき》の神頼《かみだの》み**かい。こんなときだけ、神《かみ》さまにされちゃうのか」

英語《えいご》のことわざ	Danger past, God forgotten. 危険《きけん》が過《す》ぎると、神《かみ》は忘《わす》れられる。

君子《くんし》危《あや》うきに近寄《ちか》《よ》らず

教養《きょうよう》のあるりっぱな人《ひと》は、危《あぶ》ないとわかっているところには近《ちか》づかない。

つかってみよう

- 「変《へん》な人《ひと》が、向《む》こうから歩《ある》いてくるね」
- 「ちょっと、あやしいな。よけて、ほかの道《みち》から帰《かえ》ろう」
- 「だいじょうぶだろう…、こっちは二人《ふたり》だから」
- 「いやいや、**君子《くんし》危《あや》うきに近寄《ちかよ》らず**だ。さあ早《はや》く」

さんこう

〈反対《はんたい》の意味《いみ》のことば〉「**虎穴《こけつ》に入《い》らずんば虎子《こじ》を得《え》ず**」（116ページ）

英語《えいご》のことわざ	A wise person never courts danger. 賢《かしこ》い人《ひと》は決《けっ》して危険《きけん》を求《もと》めない。

く

君子《くんし》は豹変《ひょうへん》す

教養《きょうよう》のあるりっぱな人《ひと》は、自分《じぶん》がまちがえているとわかったときは、すぐにいさぎよく改《あらた》める。また、**急《きゅう》に主義《しゅぎ》や主張《しゅちょう》を変《か》えることを**いう。

▽「君子《くんし》」は、教養《きょうよう》のあるりっぱな人《ひと》。

つかってみよう

●「先生《せんせい》に昨日《きのう》、『自由型《じゆうがた》』と書《か》くと教《おそ》わったけれど…」

●「いや、実《じつ》は後《あと》から調《しら》べてみたら、『自由形《じゆうがた》』だったとわかった。わたしの完全《かんぜん》なまちがいだった。ごめん、訂正《ていせい》する」

●「先生《せんせい》でもまちがえるのか」

●「けれど、きちんと失敗《しっぱい》を認《みと》めるところは、先生《せんせい》らしい。**君子《くんし》は豹変《ひょうへん》す**だね」

さんこう

中国《ちゅうごく》の書物《しょもつ》にあることば。からだのもようがくっきりしていることから、「豹《ひょう》」がこのことばに使《つか》われている。

英語《えいご》のことわざ A wise man changes his mind, a fool never.
賢者《けんじゃ》は考《かんが》えを変《か》えるがおろか者《もの》は決《けっ》して変《か》えない。

鶏口《けいこう》と為《な》るも牛後《ぎゅうご》と為《な》るなかれ

鶏《にわとり》の口《くち》になってもいいけれど、牛《うし》のしっぽにはなるな。**大《おお》きい集団《しゅうだん》の最後《さいご》についているよりも、小《ちい》さな集団《しゅうだん》の先頭《せんとう》に立《た》ったほうがよい**というたとえ。

つかってみよう

- 「大《おお》きな会社《かいしゃ》をやめたそうだね」
- 「そう、思《おも》いきってやめた」
- 「もったいないなあ」
- 「いや、そのかわり、小《ちい》さな会社《かいしゃ》をつくるんだ」
- 「小《ちい》さい？」
- 「そう、**鶏口《けいこう》と為《な》るも牛後《ぎゅうご》と為《な》るなかれ**だ。そのほうが自分《じぶん》を十分《じゅうぶん》に生《い》かせるよ」

さんこう

中国《ちゅうごく》の書物《しょもつ》「史記《しき》」にあることば。短《みじか》く「**鶏口牛後**《けいこうぎゅうご》」ともいう。

〈反対《はんたい》の意味《いみ》のことば〉

「**寄《よ》らば大樹《たいじゅ》の陰《かげ》**」頼《たよ》るなら、大《おお》きいもののほうがいい。

英語《えいご》のことわざ
Better be the head of a dog than the tail of a lion.
ライオンの尻尾《しっぽ》になるよりは犬《いぬ》の頭《あたま》になったほうがよい。

け

蛍《けい》雪《せつ》の功《こう》

貧《まず》しさにたえながら、蛍《ほたる》の光《ひかり》で、また窓《まど》辺《べ》の雪明《ゆきあ》かりで勉学《べんがく》にはげみ、成果《せいか》をあげること。

苦労《くろう》して勉強《べんきょう》した成果《せいか》を表《あらわ》すことば。

▽「功《こう》」は、努力《どりょく》して得《え》たてがら、成果《せいか》。

つかってみよう

- 「お兄《にい》ちゃん、合格《ごうかく》したって」
- 「やっぱり。前々《まえまえ》から、よく勉強《べんきょう》していたものね」
- 「毎日《まいにち》、夜《よる》おそくまでね。ほんとうに、**蛍雪《けいせつ》の功《こう》**だわ」
- 「ようし、今《いま》は電灯《でんとう》があるけれど…、ぼくもがんばるぞ」

さんこう

晋《しん》の国《くに》の車胤《しゃいん》は、家《いえ》が貧《まず》しく、明《あ》かりにする油《あぶら》が買《か》えないので、夜《よる》は蛍《ほたる》を集《あつ》め、その光《ひかり》で勉《べん》強《きょう》した。また、孫康《そんこう》はやはり家《いえ》が貧《まず》しかったため、窓《まど》に積《つ》もった雪明《ゆきあ》かりで勉強《べんきょう》した。その結《けっ》果《か》、二人《ふたり》は高《たか》い位《くらい》に就《つ》いた。

（中国《ちゅうごく》の書物《しょもつ》にある話《はなし》から）

「蛍《ほたる》」は夏《なつ》、「雪《ゆき》」は冬《ふゆ》で、一年《いちねん》じゅう努力《どりょく》しているようすを表《あらわ》している。卒業式《そつぎょうしき》などで歌《うた》われる「蛍《ほたる》の光《ひかり》」の歌詞《かし》は、この話《はなし》がもとになっている。

「**蛍《ほたる》の光《ひかり》窓《まど》の雪《ゆき》**」ともいう。

け

逆鱗《げきりん》に触《ふ》れる

目上《めうえ》の人《ひと》を激《はげ》しくおこらせてしまうたとえ。

つかってみよう

- 「お父《とう》さん、かんかんにおこっていたわね」
- 「そう、ぼくがついたうそがばれちゃって」
- 「お父《とう》さん、うそが大《だい》きらいだものね」
- 「そう、なかなか許《ゆる》してもらえなかったよ」
- 「これからは、お父《とう》さんの**逆鱗《げきりん》に触《ふ》れる**ようなことをしちゃ、だめよ」
- 「もうこりごりだよ」

さんこう

竜《りゅう》のあごの下《した》には「逆鱗《げきりん》」という、一枚《いちまい》だけ逆《さか》さについている鱗《うろこ》があり、これにさわると竜《りゅう》がおこり出《だ》して、さわった人《ひと》を殺《ころ》すという、中国《ちゅうごく》の書物《しょもつ》にある話《はなし》からできたことば。

もともとは、天子《てんし》をおこらせてしまう意味《いみ》に使《つか》われた。

け

犬猿《けんえん》の仲《なか》

犬《いぬ》と猿《さる》のような間《あいだ》がらということから、**仲《なか》が悪《わる》いこと**のたとえ。

つかってみよう

●「あの二人《ふたり》、このごろおとなしいね。前《まえ》は、よくどなり合《あ》っていたけれど」

●「おとなしいのではなく、口《くち》をきかないのよ」

●「じゃ、おたがいにしらんぷりしているの？」

●「そうみたい。ほんとうに、**犬猿《けんえん》の仲《なか》**なのね」

●「仲良《なかよ》くすればいいのにね」

さんこう

昔《むかし》から、犬《いぬ》と猿《さる》は仲《なか》が悪《わる》いとされていることからできたことば。

「**犬《いぬ》と猿《さる》**」ともいう。

け

けんか両成敗《りょうせいばい》

どんな言《い》い分《ぶん》があっても、どんな理由《りゆう》があっても、**けんかをした両方《りょうほう》を同《おな》じように罰《ばっ》すること。**

▽「成敗《せいばい》」は、罰《ばっ》すること。

つかってみよう

●「本田君《ほんだくん》が、ぼくの悪口《わるくち》を言《い》ったんだ」

●「ふざけていただけだよ。それなのに、なぐってきた」

●「なぐりゃしないよ。さわっただけだ」

●「あんなに痛《いた》いさわりかたなんて、あるか」

●「うるさい！ **けんか両成敗《りょうせいばい》**だ。二人《ふたり》とも、しばらくここに立《た》って頭《あたま》を冷《ひ》やしなさい」

こ

光陰矢《こういんや》のごとし

日《ひ》も月《つき》も、まるで矢《や》が飛《と》んでいくように早《はや》く過《す》ぎていく。**月日《つきひ》のたつのが早《はや》いこと**のたとえ。

つかってみよう

●「いろいろお世話《せわ》になりました」

●「えっ！　このあいだ小学生《しょうがくせい》だったのに、もう家《いえ》を出《で》て働《はたら》く年《とし》になったの？」

●「はい」

●「まったく、**光陰矢《こういんや》のごとし**だね。そういえば、わしもいつのまにか、だいぶ老《ふ》けちゃった」

さんこう

「光《こう》」は日《ひ》・昼《ひる》、「陰《いん》」は月《つき》・夜《よる》で、両方《りょうほう》で月《つき》日《ひ》を表《あらわ》す。

〈**似《に》た意味《いみ》のことば**〉「**歳月人《さいげつひと》を待《ま》たず**」（122ページ）

英語《えいご》のことわざ	Time flies. 時《とき》は飛《と》び去《さ》る。

こ

こ

後《こう》悔《かい》先《さき》に立《た》たず

後悔《こうかい》は先《さき》に来《く》るものではないという意味《いみ》で、**物事《ものごと》をするとき、後《あと》になって悔《く》やまないように、よくよく気《き》をつけて行《おこな》いなさい**といういましめ。

つかってみよう

- 「あーあ、とうとう夏休《なつやす》みの最後《さいご》の日《ひ》だ。宿《しゅく》題《だい》を全然《ぜんぜん》やっていないんだ」
- 「あら、残念《ざんねん》ね。今日《きょう》はみんなでお食事《しょくじ》に行《い》こうと思《おも》っていたのに…」
- 「えっ！　どうしよう？」
- 「しかたがないでしょ。あなたはお留守番《るすばん》よ」
- 「そりゃ、ないよ。きちんと計画的《けいかくてき》にやっておけばよかった。**後悔先《こうかいさき》に立《た》たず**だ」

英語《えいご》のことわざ	A bird cries too late when it is taken. 鳥《とり》は捕《と》らえられてから鳴《な》きさけんでもおそすぎる。

こ

孝《こう》行《こう》のしたい時分《じぶん》に親《おや》はなし

りっぱに成長《せいちょう》し、親《おや》に恩返《おんがえ》しをしたいと思《おも》うころには、もう親《おや》は亡《な》くなり、この世《よ》にいない。**親孝行《おやこうこう》は、親《おや》の生《い》きているときにしておきなさい**という教《おし》え。

つかってみよう

- 「大《おお》きくなったら、たくさんお金《かね》をためて、お父《とう》さんお母《かあ》さんを楽《らく》にさせてあげるね」
- 「うれしいけれど、ずいぶん先《さき》の話《はなし》だな。**孝《こう》行《こう》のしたい時分《じぶん》に親《おや》はなし**だな」
- 「じゃ、今《いま》からお手伝《てつだ》いを毎日《まいにち》して、少《すこ》しでも親孝行《おやこうこう》をするね」

さんこう

〔似《に》た意味《いみ》のことば〕「**石《いし》に布団《ふとん》は着《き》せられぬ**」親《おや》孝行《こうこう》のつもりで親《おや》の墓石《はかいし》に布団《ふとん》をかけて暖《あたた》かくしてやろうとしても、もうおそい。

英語《えいご》のことわざ	You never miss the water till the well runs dry. 井戸《いど》がかれるまで、水《みず》のありがたさはわからない。

こ

郷《ごう》に入《い》っては郷《ごう》に従《したが》え

その土地《とち》に入《はい》ったら、その土地《とち》の習慣《しゅうかん》に従《したが》うのがよい。**習慣《しゅうかん》は土地《とち》によってちがうから、その習慣《しゅうかん》に従《したが》って生活《せいかつ》するのがよい**という教《おし》え。

▽「郷《ごう》」は、それぞれの土地《とち》。

つかってみよう

●「えーと、ここは日本《にほん》ではないから、英語《えいご》で話《はな》してみよう。**郷《ごう》に入《い》っては郷《ごう》に従《したが》え**だ。ハロー、○△○△…」

●「…」

●「あれ？　通《つう》じない。ハロー、○×○×…」

●「…」

●「また通《つう》じない。おかしいな…、しまった！　ここはフランスだった」

さんこう

土地《とち》だけではなく、集団《しゅうだん》などに入《はい》ったらそのやり方《かた》に従《したが》いなさいという意味《いみ》でも使《つか》う。

英語《えいご》のことわざ	When in Rome, do as the Romans do. ローマにいるときは、ローマの人《ひと》びとがするようにしなさい。

こ

弘法《こうぼう》にも筆《ふで》の誤《あやま》り

書道《しょどう》の名人《めいじん》、弘法大師《こうぼうだいし》でも書《か》き誤《あやま》ることがある。

どんなにすぐれた人《ひと》でも、時《とき》には失敗《しっぱい》することがあるというたとえ。

つかってみよう

●「上手《じょうず》な字《じ》だね」
●「みんな、ほめてくれるよ」
●「あれ？　この字《じ》、まちがえている」
●「しまった！　**弘法《こうぼう》にも筆《ふで》の誤《あやま》り**だ」
●「ここもまちがえている」
●「おやおや…」
●「こっちも。あっちも。これじゃ、とても弘《こう》法様《ぼうさま》とはいえないよ」

さんこう

弘法大師《こうぼうだいし》（空海《くうかい》）は、平安時代《へいあんじだい》、真言宗《しんごんしゅう》を開《ひら》いた僧《そう》で、書道《しょどう》の名人《めいじん》としても有名《ゆうめい》。

〈似《に》た意味《いみ》のことば〉「**河童《かっぱ》の川流《かわなが》れ**」（76ページ）・「**猿《さる》も木《き》から落《お》ちる**」（123ページ）・「**上手《じょうず》の手《て》から水《みず》が漏《も》る**」（142ページ）

英語《えいご》のことわざ	Even Homer sometimes nods. （詩聖《しせい》）ホーマーでさえいねむりをする（つまらない詩《し》を書《か》く）ことがある。

こ

弘《こう》法《ぼう》は筆《ふで》を選《えら》ばず

書道《しょどう》の名人《めいじん》、弘法大師《こうぼうだいし》は、どんな筆《ふで》を使《つか》ってもりっぱな字《じ》を書《か》いた。**すぐれた技術《ぎじゅつ》を持《も》つ人《ひと》は、道具《どうぐ》のよしあしに関係《かんけい》なくりっぱな仕事《しごと》をする**というたとえ。

つかってみよう

- 「よくエラーするなあ。球《たま》を見《み》ている?」
- 「このグローブが悪《わる》いのかな。古《ふる》いせいか、球《たま》がすぐこぼれてしまう」
- 「そんなことないだろう。ちょっと貸《か》してごらん。…おやおや、いいじゃないか。ちゃんと球《たま》が捕《と》れる」
- 「なるほど、上手《じょうず》な人《ひと》は上手《じょうず》に使《つか》えるのか。**弘法《こうぼう》は筆《ふで》を選《えら》ばず**だな」

さんこう

〈**反対《はんたい》の意味《いみ》のことば**〉「**下手《へた》の道具《どうぐ》立《だ》て**」下手《へた》な人《ひと》ほど道具《どうぐ》にこだわる。

こ

紺屋《こうや》の白袴《しろばかま》

お客《きゃく》さんのために布《ぬの》を染《そ》めている紺屋《こうや》は、染《そ》めていない白《しろ》い袴《はかま》をはいている。**専門家《せんもんか》でありながら、他人《たにん》のためにいそがしく、じぶんのことにはかまっていられないこと**のたとえ。

▽「紺屋《こうや》」は染物屋《そめものや》のことで、「こんや」ともいう。

つかってみよう

- 「とこ屋《や》さんなのに、髪《かみ》がぼうぼうですね」
- 「はい、お見苦《みぐる》しくてすみません」
- 「ひげもぼうぼう…」
- 「はい、とてもいそがしくて、自分《じぶん》で髪《かみ》を切《き》ったり、ひげをそったりする時間《じかん》がなくて…」
- 「**紺屋《こうや》の白袴《しろばかま》**か。けれど、はんじょうしていて、いいですね」

さんこう

〈似《に》た意味《いみ》のことば〉「**医者《いしゃ》の不養生《ふようじょう》**」（27ページ）

英語《えいご》のことわざ The tailor's wife is worst clad.
仕立屋《したてや》の妻《つま》が最低《さいてい》の服《ふく》を着《き》ている。

こ

虎穴《こけつ》に入《い》らずんば虎子《こじ》を得《え》ず

虎《とら》の子《こ》どもを手《て》に入《い》れるには、おそろしい虎《とら》のすむ穴《あな》に入《はい》らなければならない。**大《おお》きな利益《りえき》や成功《せいこう》をおさめるには、思《おも》いきって危《あぶ》ないこともしなければならない**というたとえ。

つかってみよう

- 「あの火山《かざん》から、どんなガスが、どのくらいふき出《だ》しているか、くわしく調《しら》べてきてくれ」
- 「えっ、火口《かこう》まで行《い》くのですか?」
- 「そう、今《いま》までだれも近《ちか》づいたことがない。これがわかれば、大発見《だいはっけん》だよ」
- 「こわいなあ。けれど、**虎穴《こけつ》に入《い》らずんば虎子《こじ》を得《え》ず**だ。よし、一大決心《いちだいけっしん》で行《い》ってみよう」

さんこう

中国《ちゅうごく》の書物《しょもつ》にあることば。

〈反対《はんたい》の意味《いみ》のことば〉

「君子《くんし》危《あや》うきに近寄《ちかよ》らず」

（101ページ）

英語《えいご》のことわざ	Nothing ventured, nothing gained. 冒険《ぼうけん》しなければ何《なに》も得《え》られない。

こ

五十歩百歩《ごじっぽひゃっぽ》

五十歩《ごじっぽ》逃《に》げても百歩《ひゃっぽ》逃《に》げても、たいしてかわりがない。**どちらも同《おな》じようなもので、あまり差《さ》のないこと**のたとえ。

つかってみよう

- 「試験《しけん》、三十点《さんじってん》だったよ」
- 「ひどいなあ」
- 「となりの子《こ》なんか、もっとひどいよ。二十《にじっ》点《てん》だったよ」
- 「たいしてかわらないよ。**五十歩《ごじっぽ》百歩《ひゃっぽ》**だよ」

さんこう

戦場《せんじょう》で五十歩《ごじっぽ》逃《に》げた兵士《へいし》が、百歩《ひゃっぽ》逃《に》げた兵士《へいし》をおくびょう者《もの》と笑《わら》うのはどうかという、中国《ちゅうごく》の書物《しょもつ》にある話《はなし》から。

〈似《に》た意味《いみ》のことば〉「**大同小異《だいどうしょうい》**」（169ページ）・「**団栗《どんぐり》の背比《せいくら》べ**」（203ページ）・「**似《に》たり寄《よ》ったり**」

英語《えいご》のことわざ　A miss is as good as a mile.
小《ちい》さな失敗《しっぱい》でも失敗《しっぱい》は失敗《しっぱい》。

こ

五里霧中《ごりむちゅう》

五里四方《ごりしほう》に霧《きり》が立《た》ちこめて、何《なに》も見《み》えないということ。**何《なに》をどうしたらいいのか、見込《みこ》みがたたなくて困《こま》っているようす**をたとえたことば。

つかってみよう

- 「失業者《しつぎょうしゃ》は増《ふ》えるし…」
- 「困《こま》ったことだね」
- 「産業《さんぎょう》は、よその国《くに》に追《お》いこされるし…」
- 「これからの日本《にほん》は、何《なに》を目指《めざ》せばいいのだろう」
- 「まったく、**五里霧中《ごりむちゅう》**だ。うーん」

さんこう

昔《むかし》、張楷《ちょうかい》が術《じゅつ》を使《つか》って五里四方《ごりしほう》に霧《きり》を起《お》こし、姿《すがた》をくらましたという、中国《ちゅうごく》の書物《しょもつ》にある話《はなし》から。

「ごりむ」と「ちゅう」で区切《くぎ》って読《よ》むのが正《ただ》しい。「五里夢中《ごりむちゅう》」と書《か》かないように注意《ちゅうい》。

こ

転《ころ》ばぬ先《さき》の杖《つえ》

転《ころ》んでからではおそいので、前《まえ》もって杖《つえ》をついて歩《ある》きなさい。**失敗《しっぱい》しないように、前《まえ》もってよく準備《じゅんび》をしておきなさい**という教《おし》え。

つかってみよう

- 「寝《ね》る前《まえ》に、あしたの時間割《じかんわ》りをそろえておきなさい」
- 「どうして？　あしたの朝《あさ》でいいでしょう」
- 「だめだめ。朝《あさ》ねぼうをして、あわてて忘《わす》れ物《もの》をすることもあるから、今《いま》からきちんと準備《じゅんび》よ」
- 「なるほど。**転《ころ》ばぬ先《さき》の杖《つえ》**というわけね」

さんこう

〈似《に》た意味《いみ》のことば〉「**濡《ぬ》れぬ先《さき》の傘《かさ》**」

英語《えいご》のことわざ	Good watch prevents misfortune. 十分《じゅうぶん》な用意《ようい》は不運《ふうん》を防《ふせ》ぐ。

こ

コロンブスの卵《たまご》

後《あと》になればだれにでもできそうなことでも、最初《さいしょ》にそれを考《かんが》えついたり、行《おこな》ったりするのはたいへん難《むずか》しいというたとえ。

つかってみよう

- 「最初《さいしょ》にナマコを食《た》べた人《ひと》は、すごいね」
- 「えっ、ナマコ？　あの、海《うみ》にいる…」
- 「そう、あの気持《きも》ち悪《わる》そうに見《み》えるナマコ。だれだって、さわるのもいやだったろうね」
- 「それを食《た》べてみた？」
- 「そう、それがおいしいとわかって、今《いま》はたくさんの人《ひと》がおいしいおいしいといって食《た》べている」
- 「うーん、最初《さいしょ》の人《ひと》は勇気《ゆうき》がいったろうね」
- 「そう、**コロンブスの卵《たまご》**だ」
- 「卵《たまご》？　なんだか、今日《きょう》は食《た》べ物《もの》の話《はなし》ばかりだね」

さんこう

西《にし》へ西《にし》へと進《すす》んで、ついにアメリカ大陸《たいりく》を発《はっ》見《けん》したコロンブスに対《たい》して、人々《ひとびと》は、「そんなことは簡単《かんたん》。だれだって西《にし》へ進《すす》めば発見《はっけん》できる」と言《い》った。

そこで、コロンブスは卵《たまご》を取《と》り出《だ》し、「この卵《たまご》をテーブルの上《うえ》に立《た》ててみなさい」と言《い》ったところ、だれも立《た》てることができなかった。

それを見《み》たコロンブスは、卵《たまご》の底《そこ》をつぶして立《た》ててみせ、「アメリカ発見《はっけん》も卵《たまご》を立《た》てるのも同《おな》じで、結果《けっか》を見《み》てやさしそうに思《おも》えても、最初《さいしょ》にそれを思《おも》いつき、実行《じっこう》するのは難《むずか》しいのだ」と語《かた》ったという。

歳《さい》月《げつ》人《ひと》を待《ま》たず

年月《ねんげつ》は、人間《にんげん》のつごうにかかわりなく過《す》ぎていく。**時間《じかん》はあまりにも早《はや》く過《す》ぎていく**となげくことば。**時間《じかん》をだいじに使《つか》わなければいけない**といういましめもふくんでいる。

つかってみよう

- 「受験《じゅけん》のため、二年間《にねんかん》みっちり勉強《べんきょう》しようと思《おも》っていたのに…」
- 「あと一週間《いっしゅうかん》しかないよ」
- 「**歳月人《さいげつひと》を待《ま》たず**か。時計《とけい》は止《と》められても、時《とき》は止《と》められないなあ」

さんこう

中国《ちゅうごく》の詩《し》にあることばから。

〈似《に》た意味《いみ》のことば〉「**光陰矢《こういんや》のごとし**」（109ページ）

英語《えいご》のことわざ	Time and tide wait for no man. 時《とき》と潮《しお》の流《なが》れはだれも待《ま》たない。

さ

猿《さる》も木《き》から落《お》ちる

木登《きのぼ》りの上手《じょうず》な猿《さる》も、木《き》から落《お》ちることがある。

名人《めいじん》といわれるすぐれた人《ひと》も、時《とき》には失敗《しっぱい》することがあるというたとえ。

つかってみよう

- 「ファッションモデルになったんだって？　いちばんだいじな心《こころ》がまえは？」
- 「着《き》かたね。どう着《き》れば服《ふく》がすてきに見《み》えるか、それが命《いのち》よ」
- 「けれど、今着《いまき》ている服《ふく》、ちょっとへんだ」
- 「へんじゃないわよ。未来《みらい》を目指《めざ》した、最新《さいしん》のファッションよ」
- 「やっぱりへんだよ。…あっ！　裏返《うらがえ》しに着《き》ている」
- 「あっ、ほんとだ。ああはずかしい」
- 「**猿《さる》も木《き》から落《お》ちる**だね」

さんこう

〈似《に》た意味《いみ》のことば〉「**河童《かっぱ》の川流《かわなが》れ**」（76ページ）・「**弘法《こうぼう》にも筆《ふで》の誤《あやま》り**」（113ページ）・「**上手《じょうず》の手《て》から水《みず》が漏《も》る**」（142ページ）

英語《えいご》のことわざ	Even Homer sometimes nods. （詩聖《しせい》）ホーマーでさえいねむりをする（つまらない詩《し》を書《か》く）ことがある。

触《さわ》らぬ神《かみ》に祟《たた》り無《な》し

神《かみ》さまはおそろしいけれど、かかわりを持《も》たなければたたりを受《う》けることはない。**めんどうなことには、手《て》を出《だ》さないで、そっとしておいたほうがよい**といういましめのことば。

▽「祟《たた》り」は、神《かみ》・仏《ほとけ》・亡霊《ぼうれい》などがもたらす災《わざわ》い。

つかってみよう

- 「わからないところがあるので、先生《せんせい》に質問《しつもん》に行《い》こうと思《おも》うのだけれど…」
- 「今《いま》は、やめたほうがいいよ」
- 「どうして?」
- 「今《いま》、となりの組《くみ》の子《こ》を、真《ま》っ赤《か》になってしかっているところだ」
- 「まずいな。**触《さわ》らぬ神《かみ》に祟《たた》り無《な》し**だ。あしたにしよう」

英語《えいご》のことわざ	Let sleeping dogs lie. 眠《ねむ》っている犬《いぬ》は寝《ね》かせておけ。

さ

さんしょうは小粒《こつぶ》でもぴりりと辛《から》い

さんしょうの実《み》は小《ちい》さいが、ぴりっとした味《あじ》がする。**からだは小《ちい》さいが、才能《さいのう》や実力《じつりょく》がすぐれていて、あなどれないこと**のたとえ。

つかってみよう

- 「一年生《いちねんせい》が、ぼくたちに試合《しあい》を申《もう》しこんで来《き》たよ」
- 「何《なん》の試合《しあい》を？」
- 「ドッジボールなら上級生《じょうきゅうせい》にはまけないって」
- 「そんなに強《つよ》いの？」
- 「からだは小《ちい》さいけれど、その技《わざ》はすごいらしい」
- 「なるほど、**さんしょうは小粒《こつぶ》でもぴりりと辛《から》い**ということか」

さんこう

〈反対《はんたい》の意味《いみ》のことば〉「**うどの大木《たいぼく》**」（49ページ）

英語《えいご》のことわざ	Within a little head, great wit. 小《ちい》さな頭《あたま》の中《なか》に多《おお》くの知恵《ちえ》がある。

三度目《さんどめ》の正直《しょうじき》

①一度目《いちどめ》、二度目《にどめ》はうまくいかなくても、三度目《さんどめ》はうまくいくものだ。

②一度目《いちどめ》、二度目《にどめ》はあてにならないが、同《おな》じことが三度《さんど》も続《つづ》いたら、もう信《しん》じてもいい。

つかってみよう①

●「今年《ことし》は合格《ごうかく》するはずだよ」

●「なぜ？」

●「だって、二年連続失敗《にねんれんぞくしっぱい》しているから、**三度目《さんどめ》の正直《しょうじき》**だよ」

●「おやおや、信《しん》じていいのかしら」

つかってみよう②

●「お父《とう》さん、ぼく、ピアノのコンクールで、また優勝《ゆうしょう》したよ」

●「ほう、それはよかったな。続《つづ》けてか」

●「お父《とう》さん、また優勝《ゆうしょう》！」

●「うーん、**三度目《さんどめ》の正直《しょうじき》**だ。才能《さいのう》を認《みと》めてやろう」

英語《えいご》のことわざ	Third time lucky. 三度目《さんどめ》の幸運《こううん》。

三《さん》人《にん》寄《よ》れば文《もん》殊《じゅ》の知《ち》恵《え》

三人《さんにん》で相談《そうだん》すれば、文殊《もんじゅ》さまのようなよい知恵《ちえ》がうかぶ。**一人《ひとり》ではいい考《かんが》えがうかばなくても、みんなで相談《そうだん》すればいい考《かんが》えがうかぶものだ**という教《おし》え。

▽「文殊《もんじゅ》」は、知恵《ちえ》の仏《ほとけ》の「文殊菩薩《もんじゅぼさつ》」のこと。

つかってみよう

- 「この問題《もんだい》、難《むずか》しいなあ」
- 「こうやってみたら」
- 「こんなふうにもできそうだわ」
- 「解《と》けた！ **三人寄《さんにんよ》れば文殊《もんじゅ》の知恵《ちえ》**だね」

英《え》語《い》のことわざ	Two heads are better than one. 二《ふた》つの頭《あたま》は一《ひと》つよりまさる。

し

自画自賛《じがじさん》

自分《じぶん》がかいた絵《え》に自分《じぶん》でほめことばを書《か》き入《い》れる。
自分《じぶん》がしたことを自分《じぶん》でほめることのたとえ。

つかってみよう

- 「この作文《さくぶん》、上手《じょうず》だね」
- 「そうかしら?」
- 「すばらしいよ。感心《かんしん》しちゃった」
- 「だれが書《か》いたの?」
- 「ぼく」
- 「おやおや、**自画自賛《じがじさん》**というわけね」
- 「だって、だれもほめてくれないもの」

さんこう

「賛《さん》」は、絵《え》に書《か》き入《い》れる詩《し》や文《ぶん》のことで、ふつうは別《べつ》の人《ひと》に書《か》いてもらう。

し

自業自得《じごうじとく》

自分《じぶん》のやった結果《けっか》が、自分《じぶん》の身《み》にふりかかってくること。

自分《じぶん》がした悪《わる》いことがもとで、災《わざわ》いが自《じ》分《ぶん》にふりかかること。

▽「業《ごう》」は、未来《みらい》に報《むく》いをもたらす行《おこな》い。「得《とく》」は、報《むく》いを得《え》ること。

つかってみよう

- 「昔々《むかしむかし》、ある悪《わる》い人《ひと》が、盗《ぬす》んだお金《かね》を、穴《あな》をほってうめたんだって」
- 「そして？」
- 「十日《とおか》たって、まだあるかどうか確《たし》かめに行《い》ったら…」
- 「あったのかな？」
- 「穴《あな》がくずれて、その悪人《あくにん》もうまってしまったんだって」
- 「おやおや、**自業自得《じごうじとく》**だね」

さんこう

仏教《ぶっきょう》のことばで、主《おも》に悪《わる》い行《おこな》いと悪《わる》い報《むく》いについて使《つか》う。

〈似《に》た意味《いみ》のことば〉「**身《み》から出《で》た錆《さび》**」

危《あぶ》ない！「ことわざ」

コラム 3

GOMI TARO.

「石橋《いしばし》を叩《たた》いて渡《わた》る」ということわざをすぐに思《おも》いつくような石橋《いしばし》に出合《であ》ったことがありました。かなり古《ふる》そうな歴史的遺産《れきしてきいさん》と呼《よ》んでもさしつかえなさそうな石造《いしづく》りの橋《はし》です。つまりちょっと危《あぶ》なそうなのね。欄《らん》干《かん》はところどころ崩《くず》れているし、全体《ぜんたい》に苔《こけ》なんかが生《は》えているし、橋《はし》そのものの表面《ひょうめん》もかなり傷《いた》んでいてとても歩《ある》きにくい。たかだか15mほどの橋《はし》なのですが、いざ渡《わた》るとなるとけっこう緊張《きんちょう》します。そう、その石橋《いしばし》を見《み》て「石橋《いしばし》を叩《たた》いて渡《わた》る」ということわざを思《おも》いついたわけですが、よく考《かんが》えてみるとちょっと違《ちが》うな。だって「石橋《いしばし》を叩《たた》いて渡《わた》る」ということわざはたぶん石《いし》で出来《でき》た頑丈《がんじょう》そうに見《み》える橋《はし》でさえ、わざわざコツコツあちらこちら叩《たた》いて調《しら》べてみて、慎重《しんちょう》にも慎重《しんちょう》に、念《ねん》には念《ねん》を入《い》れて渡《わた》る、ということですよね。つまり何事《なにごと》に対《たい》しても自分《じぶん》でよく調《しら》べ、慎重《しんちょう》にやるべきだ、なんてことを言《い》ってるのだと思《おも》うわけで、その古臭《ふるくさ》い石橋《いしばし》の場合《ばあい》は、石橋《いしばし》というところだけが同《おな》じで、その橋《はし》の本質《ほんしつ》はけっこう違《ちが》っているのでした。ぜんぜん頑丈《がんじょう》そうじゃないんですよ。叩《たた》いたりしたらどこかがボロッといきそうなぐらい古《ふる》ぼけているわけで、ま、別《べつ》な言《い》い方《かた》をすれば、コツコツと慎重《しんちょう》に叩《たた》いて、細部《さいぶ》を調《しら》べまわって、とりあえずまあ安全《あんぜん》だろうというところまで確認《かくにん》してからやおら渡《わた》りなさいね、ということになって、本来《ほんらい》の「石橋《いしばし》を叩《たた》いて渡《わた》る」とは少《すこ》し違《ちが》ったことわざになってしまいます。で、ぼくはとりあえずその橋《はし》を渡《わた》ったわけですが、とくにコツコツと叩《たた》いたりもしなかったし、細部《さいぶ》まで安全《あんぜん》を確認《かくにん》したりもしませんでした。そのときの判断理由《はんだんりゆう》は、「こんなに古《ふる》い橋《はし》がそれなりに今《いま》もちゃんと架《か》かっているのだから、ぼくが渡《わた》ったその瞬間《しゅんかん》に、その橋《はし》の長《なが》い長《なが》い歴史《れきし》が突然《とつぜん》終《お》わるといったことは、まあ起《お》こらないんじゃないだろうか？ 起《お》こらないはずである、起《お》こる確率《かくりつ》はかなり低《ひく》い、起《お》こるわけないよね、起《お》こらないといいな、起《お》こらないで下《くだ》さい、お願《ねが》いします……」あたりで、15mをなんとか渡《わた》り切《き》りました。橋《はし》はめでたく落《お》ちませんでしたし、その後《あと》、すぐに自転車《じてんしゃ》のおばさんが気楽《きらく》に渡《わた》って行《い》きました。別《べつ》に何《なん》でもありませんでした。そして渡《わた》り終《お》わってちょっと周《まわ》りをゆっくり見渡《みわた》してみましたら、ちょうどその石橋《いしばし》の下流《かりゅう》50mぐらいのところに、金属製《きんぞくせい》の近代的《きんだいてき》な橋《はし》が立派《りっぱ》に架《か》かっていました。なあんだ、あっちを渡《わた》ればよかった、ということでした。

し

親《した》しき仲《なか》にも礼《れい》儀《ぎ》あり

親《した》しくなると、つい遠慮《えんりょ》がなくなり、それがもとで仲《なか》が悪《わる》くなることがある。**どんなに親《した》しい間《あいだ》がらでも、おたがいにきちんと礼儀《れいぎ》を守《まも》りなさい**といういましめ。

つかってみよう

● 「君《きみ》のお母《かあ》さん、出《で》かけているの？」
● 「そう。おやつでも食《た》べようか」
● 「どれどれ、君《きみ》のうちの冷蔵庫《れいぞうこ》には、何《なに》が入《はい》っているの？」
● 「だめだめ！　勝手《かって》に開《あ》けちゃだめだよ。**親《した》しき仲《なか》にも礼儀《れいぎ》あり**だよ」
● 「そうだね。ごめんね」

英語《えいご》のことわざ　A hedge between keeps friendship green.
間《あいだ》にある垣根《かきね》が友情《ゆうじょう》を新鮮《しんせん》に保《たも》つ。

し

舌《した》を巻《ま》く

口《くち》からことばが出《で》なくなるほど、おどろいたり感心《かんしん》したりする。

つかってみよう

●「この絵《え》はあの画家《がか》が七才《ななさい》のときかいたんだって」

●「おどろいたなあ。こんなに上手《じょうず》だなんて」

●「そこで、親《おや》が有名《ゆうめい》な絵《え》の先生《せんせい》に入門《にゅうもん》させたら、その才能《さいのう》に先生《せんせい》も**舌《した》を巻《ま》いた**そうだ」

●「うーん、昔《むかし》も今《いま》も、天才《てんさい》とよばれる人《ひと》は小《ちい》さなころからちがうね」

さんこう

おどろいて舌《した》を丸《まる》めることで、感心《かんしん》する意味《いみ》で使《つか》う。

中国《ちゅうごく》の書物《しょもつ》にあることば。

し

失敗《しっぱい》は成功《せいこう》のもと

失敗《しっぱい》したからといって、くじけてはいけない。

たとえ失敗《しっぱい》してもどこがよくなかったのかを反省《はんせい》すれば、それが成功《せいこう》のもととなる。

つかってみよう

● 「作文《さくぶん》コンクールに落選《らくせん》しちゃった」

● 「どれどれ、見《み》せてごらん。…ははあ、君《きみ》は自分《じぶん》の書《か》きたいことばかりを書《か》いて、読《よ》む人《ひと》のことを考《かんが》えていない」

● 「なるほど、読《よ》む人《ひと》のことか」

● 「字《じ》もまちがえている」

● 「わあ、失敗《しっぱい》だらけだ」

● 「なあに、今度《こんど》は気《き》をつけて書《か》いてごらん。**失敗《しっぱい》は成功《せいこう》のもと**だ。きっと、いいのができるよ」

英語《えいご》のことわざ	Failure teaches success. 失敗《しっぱい》が成功《せいこう》を教《おし》える。

し

しのぎを削《けず》る

おたがいに刀《かたな》のしのぎを削《けず》り合《あ》うほど、激《はげ》しく戦《たたか》う。**おたがいに激《はげ》しく争《あらそ》うようす**をたとえたことば。

つかってみよう

- 「もうすぐ投票日《とうひょうび》」
- 「現職《げんしょく》の候補《こうほ》も新人候補《しんじんこうほ》も、朝《あさ》から懸命《けんめい》に走《はし》り回《まわ》っている」
- 「今《いま》のところ、五分五分《ごぶごぶ》かな。どっちが勝《か》つか予想《よそう》がつかない」
- 「まさに、**しのぎを削《けず》る**大接戦《だいせっせん》だね」

さんこう

「しのぎ」は刀《かたな》の刃《は》と背《せ》の間《あいだ》の高《たか》くなった部分《ぶぶん》で、ここが削《けず》れるほど激《はげ》しく切《き》り合《あ》うようすを表《あらわ》している。

し

四《し》面《めん》楚《そ》歌《か》

周《まわ》りのすべてから楚《そ》の国《くに》の歌《うた》が聞《き》こえてくる。

周《まわ》りがすべて敵《てき》や反対者《はんたいしゃ》になり、自分《じぶん》に味方《みかた》する者《もの》が一人《ひとり》もいなくなってしまったようすを表《あらわ》すことば。

つかってみよう

- 「このあいだのけんかのことを、学級会《がっきゅうかい》でいくら説明《せつめい》しても、わかってもらえないんだ」
- 「全員《ぜんいん》が、君《きみ》が悪《わる》いって言《い》うの？」
- 「そうなんだ。悲《かな》しいな」
- 「**四面楚歌**《しめんそか》だね。それは、信用《しんよう》の問題《もんだい》だよ」
- 「信用《しんよう》？　どういうこと？」
- 「常日《つねひ》ごろから、君《きみ》がきちんとしていれば…」
- 「きちんと？」
- 「そうすれば、みんな君《きみ》を信用《しんよう》して、うなずいてくれるようになるよ」

さんこう

楚《そ》の項羽《こうう》が、垓下《がいか》という所《ところ》で、漢《かん》の劉邦《りゅうほう》と戦《たたか》って敗《やぶ》れ、城《しろ》を囲《かこ》まれてしまった。

夜《よる》になって、周《まわ》りの劉邦《りゅうほう》の陣地《じんち》から楚《そ》の歌《うた》が聞《き》こえてきたので、項羽《こうう》は、「ああ、楚《そ》の国《くに》の人々《ひとびと》は、みな劉邦《りゅうほう》の軍《ぐん》に降伏《こうふく》してしまったのか」となげいたという。

（中国《ちゅうごく》の書物《しょもつ》「史記《しき》」にある話《はなし》から）

し

釈《しゃ》迦《か》に説《せっ》法《ぽう》

仏教《ぶっきょう》を開《ひら》いたお釈迦《しゃか》さまに仏《ほとけ》の教《おし》えを説《と》くということ。

よく知《し》っている人《ひと》にそのことを教《おし》えてやろうとする見当《けんとう》ちがいのたとえ。

▽「説法《せっぽう》」は、仏教《ぶっきょう》の教《おし》えを説《と》き聞《き》かせること。

つかってみよう

- 「あの人《ひと》、スキーのプロだよ」
- 「えっ！　これは困《こま》った」
- 「何《なに》が困《こま》ったの？」
- 「あの人《ひと》に今度《こんど》スキーを教《おし》えるって言《い》っちゃった」
- 「**釈迦《しゃか》に説法《せっぽう》**だね。おこられなかった？」
- 「いや、笑《わら》っただけだったよ」
- 「さすが、プロだね」

さんこう

〈似《に》た意味《いみ》のことば〉「**河童《かっぱ》に水練《すいれん》**」河童《かっぱ》に泳《およ》ぎ方《かた》を教《おし》える。「**猿《さる》に木登《きのぼ》り**」猿《さる》に木登《きのぼ》りを教《おし》える。

英語《えいご》のことわざ　Don't teach your grandmother to suck eggs.
おばあさんに卵《たまご》の吸《す》い方《かた》を教《おし》えるな。

し

弱肉強食《じゃくにくきょうしょく》

弱《よわ》い者《もの》の肉《にく》を、強《つよ》い者《もの》が食《た》べる。**弱《よわ》いものがほろび、強《つよ》いものが栄《さか》えること**のたとえ。

つかってみよう

- 「町《まち》の電気屋《でんきや》さんが、シャッターをおろしたままになっている」
- 「大型電気店《おおがたでんきてん》ができて、お客《きゃく》さんがそっちへ流《なが》れてしまったからね」
- 「**弱肉強食**《じゃくにくきょうしょく》か。このままでいいのかな?」
- 「町《まち》や商店《しょうてん》の発展《はってん》のためにも、何《なに》か考《かんが》えなければね」

さんこう

中国《ちゅうごく》の書物《しょもつ》にあることば。

し

十人十色《じゅうにんといろ》

十人《じゅうにん》いれば、その一人一人《ひとりひとり》の顔《かお》や形《かたち》がちがうように、**人《ひと》はそれぞれちがった好《この》みや考《かんが》え方《かた》を持《も》っている**というたとえ。

つかってみよう

- 「この店《みせ》は、料理《りょうり》の種類《しゅるい》が多《おお》いね」
- 「はい、いろいろ取《と》りそろえております」
- 「人気《にんき》のあるもの、二《ふた》つか三《みっ》つでいいんじゃない?」
- 「いえ、お客《きゃく》さまも**十人十色**《じゅうにんといろ》ですので、それぞれの好《この》みに少《すこ》しでも合《あ》わせられるように用意《ようい》しております」
- 「なるほど。だから、この店《みせ》ははんじょうしているんだ」

さんこう

「つかってみよう」のような、食《た》べ物《もの》に関係《かんけい》する場合《ばあい》は「**十人十腹**《じゅうにんとはら》」ともいう。

英語《えいご》のことわざ
So many men, so many minds.
人《ひと》の数《かず》だけの気持《きも》ちがある。

し

朱《しゅ》に交《まじ》われば赤《あか》くなる

朱色《しゅいろ》といっしょになっていると、朱色《しゅいろ》のように赤《あか》くなる。
人《ひと》はつきあう友人《ゆうじん》しだいで、よくも悪《わる》くもなるというたとえ。

つかってみよう

●「このごろ、みんなから、『おっちょこちょい』と言《い》われるようになった。たしかに、失敗《しっぱい》ばかり続《つづ》いている」

●「どうしてだろうね？」

●「うーん、前《まえ》はそうでもなかったし…、心当《こころあ》たりがないなあ」

●「わかった、ぼくがおっちょこちょいだからだよ」

●「なるほど、**朱《しゅ》に交《まじ》われば赤《あか》くなる**か」

さんこう

ふつう、よくない意味《いみ》に使《つか》うことが多《おお》い。

英語《えいご》のことわざ	He that touches pitch shall be defiled. コールタールなどの黒色《くろいろ》のピッチに触《ふ》れると必《かなら》ず汚《よご》れる。

し

上手《じょうず》の手《て》から水《みず》が漏《も》る

上手《じょうず》な人《ひと》でも、失敗《しっぱい》することがある。

▽「上手《じょうず》の手《て》」は、すぐれた技術《ぎじゅつ》を持《も》っている人《ひと》。「水《みず》が漏《も》る」は、失敗《しっぱい》すること。

つかってみよう

● 「あの、日本《にほん》を代表《だいひょう》するスケート選手《せんしゅ》が…」
● 「コーナーで転《ころ》んでしまうとはね」
● 「信《しん》じられないなあ」
● 「**上手《じょうず》の手《て》から水《みず》が漏《も》る**だ」
● 「ぼくたちも、得意《とくい》なものこそよく気《き》をつけるようにしようね」

さんこう

〈似《に》た意味《いみ》のことば〉「**河童《かっぱ》の川流《かわなが》れ**」（76ページ）・「**弘法《こうぼう》にも筆《ふで》の誤《あやま》り**」（113ページ）・「**猿《さる》も木《き》から落《お》ちる**」（123ページ）

英語《えいご》のことわざ	Even Homer sometimes nods. （詩聖《しせい》）ホーマーでさえいねむりをする（つまらない詩《し》を書《か》く）ことがある。

少年《しょうねん》老《お》い易《やす》く学《がく》成《な》り難《がた》し

少年《しょうねん》だとおもっていても、あっという間《ま》に年寄《としよ》りになってしまい、学問《がくもん》を十分《じゅうぶん》に身《み》につけるのは難《むずか》しい。**少《すこ》しの時間《じかん》もむだにしないで、学問《がくもん》にはげみなさい**という教《おし》え。

つかってみよう

- 「おじいちゃん、年《とし》はいくつ?」
- 「八十五《はちじゅうご》」
- 「ふーん、じゃ、長《なが》い間《あいだ》勉強《べんきょう》してきたので、何《なん》でもよく知《し》ってるね?」
- 「いやいや、知《し》らないことだらけだ。勉強《べんきょう》しようと思《おも》いながら、あっという間《ま》にこの年《とし》になってしまった。**少年《しょうねん》老《お》い易《やす》く学《がく》成《な》り難《がた》し**だな」

さんこう

中国《ちゅうごく》の詩《し》にあることば。
このことばの後《あと》に、やはり少《すこ》しの時間《じかん》もむだにしてはいけないという意味《いみ》の「**一寸《いっすん》の光陰《こういん》軽《かろ》んずべからず**」が続《つづ》く。

英語《えいご》のことわざ	Art is long, life is short. 芸術《げいじゅつ》は長《なが》く、人生《じんせい》は短《みじか》い。

し

食《しょく》指《し》が動《うご》く

人差《ひとさ》し指《ゆび》が動《うご》くということで、おいしい物《もの》にありつけそうだという意味《いみ》。

ある物《もの》を手《て》に入《い》れたい、あることをしてみたいという気《き》持《も》ちが起《お》こるたとえ。

▽「食指《しょくし》」は、人差《ひとさ》し指《ゆび》のこと。

つかってみよう

● 「お兄《にい》ちゃん、何見《なにみ》ているの？」

● 「そのゲーム機《き》、おもしろそうだな。ぼくのと取《と》りかえない？」

● 「えっ、お兄《にい》ちゃんのゲーム機《き》のほうが高《たか》いんでしょ？」

● 「いいよ。こっちのはお前《まえ》にやるよ」

● 「サンキュー」

● 「あれれ、これは使《つか》いにくいな。しかもこわれている。とんでもない物《もの》に**食指《しょくし》が動《うご》いて**しまったな。失敗《しっぱい》だ」

さんこう

鄭《てい》の子公《しこう》が、霊公《れいこう》の住《す》む宮殿《きゅうでん》へ出《で》かけていった。

途中《とちゅう》、自分《じぶん》の人差《ひとさ》し指《ゆび》がぴくぴく動《うご》いたので、いっしょにいた子家《しか》に指《ゆび》を見《み》せ、

「こうして人差《ひとさ》し指《ゆび》が動《うご》くと、必《かなら》ずおいしいごちそうにありつける」

と言《い》ったところ、そのとおり、宮殿《きゅうでん》ではすっぽん料理《りょうり》を用意《ようい》していたという。


（中国《ちゅうごく》の書物《しょもつ》にある話《はなし》から）

し

初《しょ》心《しん》忘《わす》るべからず

何《なに》かを始《はじ》めたころの、最《さい》初《しょ》の気《き》持《も》ちをいつまでも忘《わす》れてはいけない。

▽「初心《しょしん》」は、初《はじ》めに持《も》った心《こころ》がまえ。

つかってみよう

●「先生《せんせい》、このごろよくおこりますね」

●「そうか、つかれているからかな」

●「いつもいらいらしていて、ぼくたちこわいよ」

●「そうか、それはすまない。先生《せんせい》になるとき、やさしい先生《せんせい》になろうと決心《けっしん》したのに。**初心忘《しょしんわす》るべからず**だ。やさしい先生《せんせい》になるように心《こころ》がけるよ」

●「ああ、よかった」

さんこう

室町時代《むろまちじだい》に能《のう》を大成《たいせい》した世阿弥《ぜあみ》が、能楽《のうがく》の修《しゅ》行《ぎょう》について語《かた》ったことば。

し

知《し》らぬが仏《ほとけ》

いやなことが起《お》こったとき、なやんだり、おこったりするけれど、**知《し》らないでいると、仏《ほとけ》さまのようなおだやかな気持《きも》ちでいられる。**

つかってみよう

- 「あれっ、鈴木君《すずきくん》、国語《こくご》の教科書《きょうかしょ》を机《つくえ》の上《うえ》に置《お》いて、校庭《こうてい》へ遊《あそ》びにいったよ」
- 「一時間《いちじかん》めは、算数《さんすう》のテストなのに…」
- 「ははあ、今日《きょう》の時間割《じかんわ》りとあしたの時間割《じかんわ》りをまちがえて、学校《がっこう》に来《き》たな」
- 「さっそく、教《おし》えてあげよう。びっくりするだろうな」
- 「そうだね。今《いま》ごろは**知《し》らぬが仏《ほとけ》**で、にこにこ笑《わら》いながら遊《あそ》んでいるだろうけれど」

さんこう

本人《ほんにん》だけが知《し》らないで、平気《へいき》でいるときに使《つか》うことば。

し

白羽《しらは》の矢《や》が立《た》つ

神《かみ》が放《はな》った白《しろ》い羽根《はね》の矢《や》が、屋根《やね》の上《うえ》につきささるということ。**多《おお》くの人《ひと》の中《なか》から特《とく》に選《えら》び出《だ》されること**のたとえ。

つかってみよう

●「今度《こんど》の劇《げき》の主役《しゅやく》として、君《きみ》に**白羽《しらは》の矢《や》が立《た》ったよ**」

●「えっ、どうしてぼくが?」

●「君《きみ》は声《こえ》が大《おお》きいし、度胸《どきょう》もありそうだから…」

●「うわー、心配《しんぱい》だ。がたがたふるえてきたよ」

●「え? 今《いま》、度胸《どきょう》がありそうだとほめたばかりなのに…。まあ、だいじょうぶ、だいじょうぶ。みんなもおうえんするから」

さんこう

神《かみ》が、いけにえとして選《えら》んだ少女《しょうじょ》の家《いえ》の屋根《やね》に、しるしとして白《しろ》い羽根《はね》の矢《や》を立《た》てるという言《い》い伝《つた》えから。

し

人事《じんじ》を尽《つ》くして天命《てんめい》を待《ま》つ

人間《にんげん》としてできるだけのことをすべてやり尽《つ》くし、あとの結果《けっか》は運命《うんめい》にまかせる。

▽「人事《じんじ》」は、人間《にんげん》としてできる事《こと》がら。「天命《てんめい》」は、天《てん》が決《き》める運命《うんめい》。

つかってみよう

●「入学試験《にゅうがくしけん》、どうだった？」

●「いい点《てん》が取《と》れたと思《おも》う。何《なに》しろこの三年間《さんねんかん》は、ぼくとしてできることをすべてやったから、あとは結果待《けっかま》ちだよ」

●「**人事《じんじ》を尽《つ》くして天命《てんめい》を待《ま》つ**だね」

●「そう。どういう結果《けっか》が出《で》ても、くいはない。とにかく、一生懸命《いっしょうけんめい》やったのだから」

さんこう

中国《ちゅうごく》の書物《しょもつ》にあることば。

英語《えいご》のことわざ	Do the likeliest, and the God will do the best. もっとも適切《てきせつ》なことをすれば、神《かみ》は最善《さいぜん》をほどこしてくださる。

推敲《すいこう》

文章《ぶんしょう》や詩《し》をつくるとき、その字句《じく》や表現《ひょうげん》をもっとよくしようと苦心《くしん》して何度《なんど》も改《あらた》めること。

つかってみよう

● 「やっと作文《さくぶん》の最後《さいご》の行《ぎょう》…終《お》わった！」
● 「終《お》わったといっても、終《お》わってないよ」
● 「どういうこと？」
● 「これから、もう一度《いちど》読《よ》み直《なお》して、書《か》きたいことが書《か》けているか、まちがいがないかを調《しら》べることがだいじ。**推敲《すいこう》**といって、これを重《かさ》ねれば、作文《さくぶん》が上達《じょうたつ》する」
● 「なるほど。では、じっくり読《よ》み返《かえ》してみよう」

さんこう

賈島《かとう》という若者《わかもの》が、唐《とう》の都《みやこ》にやって来《き》た。馬《うま》に乗《の》りながら、詩《し》を作《つく》っていた。

「僧《そう》は推《お》す月下《げっか》の門《もん》（一人《ひとり》の僧《そう》が月明《つきあ》かりの下《した》で門《もん》をおす）」

なかなかいい詩《し》ができたと思《おも》ったが、ふと「推《お》す」がいいか、「敲《たた》く」がいいか、迷《まよ》った。「推《お》す」「敲《たた》く」と言《い》いながら手《て》でまねをしているうちに、長官《ちょうかん》の列《れつ》にぶつかってしまった。

「無礼者《ぶれいもの》！」と賈島《かとう》は役人《やくにん》たちに捕《と》らえられ、長官《ちょうかん》の前《まえ》に引《ひ》っぱり出《だ》された。ぶつかった理由《りゆう》をたずねられた賈島《かとう》は、「推《お》す」がいいか「敲《たた》く」がいいか、迷《まよ》っている話《はなし》をした。

それを聞《き》いた長官《ちょうかん》は、しばらく考《かんが》え、

「敲《たた》くがいいであろう」

と教《おし》えた。実《じつ》は、この長官《ちょうかん》は韓愈《かんゆ》という唐《とう》を代《だい》表《ひょう》する詩人《しじん》でもあった。

賈島《かとう》は罪《つみ》を許《ゆる》され、二人《ふたり》は馬《うま》を並《なら》べながら、都《みやこ》の通《とお》りを詩《し》について語《かた》り合《あ》っていったという。

（中国《ちゅうごく》の書物《しょもつ》にある話《はなし》から）

この話《はなし》から「推敲《すいこう》」ということばができた。なお、自分《じぶん》で直《なお》すのが「推敲《すいこう》」で、ほかの人《ひと》が直《なお》すのを「添削《てんさく》」という。

す

好《す》きこそ物《もの》の上手《じょうず》なれ

何事《なにごと》も、好《す》きであれば、熱心《ねっしん》に努力《どりょく》するので、どんどん上達《じょうたつ》していく。

つかってみよう

● 「字《じ》が上手《じょうず》だね」
● 「それほどでもないけれど、字《じ》を書《か》くのが好《す》きなんだ」
● 「それはいいことだ」
● 「筆《ふで》を持《も》つと、わくわくする」
● 「なるほど、**好《す》きこそ物《もの》の上手《じょうず》なれ**か」
● 「たしかに、いやいやじゃだめだと思《おも》う」
● 「そうだね。ぼくも好《す》きになろう」

さんこう

〈反対《はんたい》の意味《いみ》のことば〉「**下手《へた》の横好《よこず》き**」（258ページ）

英語《えいご》のことわざ	Who likes not his business, his business likes not him. 自分《じぶん》の仕事《しごと》が好《す》きでない人《ひと》は、仕事《しごと》もその人《ひと》を好《この》まない。

す

過《す》ぎたるはなお及《およ》ばざるがごとし

足《た》りないのはよくないが、やり過《す》ぎるのも、足《た》りないのと同《おな》じように、よくない。**何事《なにごと》も、ほどよくするのがよい**という教《おし》え。

つかってみよう

- 「勉強《べんきょう》、勉強《べんきょう》ってがんばって、つかれちゃった」
- 「そんなにしている？」
- 「夜《よる》は十一時《じゅういちじ》まで、朝《あさ》は四時《よじ》から」
- 「それじゃ、からだが持《も》たないよ」
- 「そう、もうへとへとで、やる気《き》がなくなってきた」
- 「それでは、勉強不足《べんきょうぶそく》と同《おな》じだ。**過《す》ぎたるはなお及《およ》ばざるがごとし**、ほどほどにしないとね」

さんこう

中国《ちゅうごく》の書物《しょもつ》「論語《ろんご》」にある孔子《こうし》のことばから。

英語《えいご》のことわざ	Too much is as bad as too little. 多《おお》過《す》ぎるのは少《すく》な過《す》ぎるのと同《おな》じくらい悪《わる》い。

杜撰《ずさん》

まちがいが多《おお》く、いいかげんなようす。

つかってみよう

●「あの橋《はし》がこわれそうだ」
●「えっ、あのがんじょうそうな橋《はし》が?」
●「そう。できてから、まだ何年《なんねん》もたっていないのにね」
●「危《あぶ》ないなあ。きっと、工事《こうじ》が**杜撰《ずさん》**だったんだな」

さんこう

中国《ちゅうごく》の北宋《ほくそう》の詩人《しじん》杜黙《ともく》の詩《し》には、規則《きそく》に合《あ》わない作《つく》り方《かた》が多《おお》かったことから、このことばが使《つか》われた。「撰《さん》」は詩《し》や文《ぶん》などの作品《さくひん》、「杜撰《ずさん》」は杜黙《ともく》の作品《さくひん》の意味《いみ》。

す

雀《すずめ》の涙《なみだ》

小《ちい》さな雀《すずめ》の流《なが》す涙《なみだ》ほどという意味《いみ》で、**きわめて少《すく》ないようす**のたとえ。

つかってみよう

●「生活《せいかつ》していくのがたいへんだ」
●「おくさんも働《はたら》きに出《で》たんだって?」
●「そう。給料《きゅうりょう》は**雀《すずめ》の涙《なみだ》**だよ」
●「今《いま》、不況《ふきょう》だから、みんなじっとがまんするしか、方法《ほうほう》はないのかなあ」
●「それしかないのかなあ。出《で》るのは大《おお》つぶの涙《なみだ》だよ」

す

雀《すずめ》百《ひゃく》まで踊《おど》り忘《わす》れず

ぴょんとはねている雀《すずめ》は、年《とし》をとっても相変《あいか》わらずぴょんぴょんとはねている。**小《ちい》さいとき身《み》につけた習慣《しゅうかん》は、年《とし》をとっても変《か》わらないものだ**というたとえ。

つかってみよう

- 「あなたは、歌《うた》が好《す》きね」
- 「えっ、どうして?」
- 「歩《ある》いているときも、仕事《しごと》をしているときも、口《くち》ずさんでいる」
- 「そういえばそうね。くせになっている」
- 「楽《たの》しくていいわ」
- 「お母《かあ》さんの話《はなし》では、二才《にさい》ぐらいのときから口《くち》ずさんでいたらしい。何《なに》をするにも、歌《うた》といっしょ…」
- 「**雀《すずめ》百《ひゃく》まで踊《おど》り忘《わす》れず**ね。すてきなことだわ」

さんこう

〔似《に》た意味《いみ》のことば〕「**三《み》つ子《ご》の魂《たましい》百《ひゃく》まで**」（272ページ）

英語《えいご》のことわざ	What is learned in the cradle is carried to the grave. ゆりかごの中《なか》で覚《おぼ》えたことは墓《はか》まで運《はこ》ばれる。

す

住《す》めば都《みやこ》

たとえ都《みやこ》でなくても、**住《す》みなれると、その場所《ばしょ》がまるで都《みやこ》のように、いちばんよく感《かん》じられる。**

つかってみよう

● 「駅《えき》から遠《とお》く…」
● 「たしかに遠《とお》いね」
● 「店《みせ》も少《すく》なく…」
● 「たしかに不便《ふべん》だね」
● 「けれど…」
● 「けれど?」
● 「空気《くうき》がきれいなうえに、近所《きんじょ》の人《ひと》は親切《しんせつ》なので、もう引《ひ》っこしたくない。**住《す》めば都《みやこ》**だよ」

さんこう

ここでは、「都《みやこ》」は、住《す》みよい、楽《たの》しい所《ところ》という意味《いみ》。

英語《えいご》のことわざ	To every bird his own nest is best. どんな鳥《とり》にとっても自分《じぶん》の巣《す》がいちばんよい。

せ

急《せ》いては事《こと》を仕《し》損《そん》じる

何事《なにごと》も急《いそ》いですると、失敗《しっぱい》することが多《おお》い。**物事《ものごと》をするときは、あせらず、落《お》ち着《つ》いてしなさい**といういましめ。

つかってみよう

- 「だるま運《はこ》びだ。ぼくたち、全速力《ぜんそくりょく》で走《はし》ろうよ！」
- 「そう、全速力《ぜんそくりょく》でね」
- 「それ！　スタート」
- 「あっ、だるまが落《お》っこちた」
- 「しまった。ばんかいしよう、それ！」
- 「また落《お》っこちた」
- 「あれあれ…。ぼくたち、びりだ」
- 「**急《せ》いては事《こと》を仕《し》損《そん》じる**か」

さんこう

〈似《に》た意味《いみ》のことば〉「**急《いそ》がば回《まわ》れ**」（**29**ページ）

英語《えいご》のことわざ　Haste makes waste.
急《いそ》ぐとむだを生《う》む。

せ

背《せ》に腹《はら》は代《か》えられない

だいじな内臓《ないぞう》が入《はい》っている腹《はら》を、背中《せなか》の代《か》わりにするわけにはいかない。**大切《たいせつ》なものを守《まも》るためには、ほかのものが犠牲《ぎせい》になってもしかたがない**というたとえ。

つかってみよう

●「主役《しゅやく》が病気《びょうき》になったんだって?」
●「そうなんだ。突然《とつぜん》…」
●「困《こま》ったことになったね」
●「しかたがないので、代役《だいやく》を立《た》てる」
●「えっ、だいじょうぶかな?」
●「心配《しんぱい》だけれど、公演《こうえん》を続《つづ》けるためだ。**背《せ》に腹《はら》は代《か》えられない**よ」

さんこう

たたかれるとき、腹《はら》をかかえこんで守《まも》り、背中《せなか》で痛《いた》みを受《う》けるようすからできたことば。

英語《えいご》のことわざ	Necessity knows no law. 必要《ひつよう》なら法律《ほうりつ》などしらない。

せ

栴《せん》檀《だん》は二《ふた》葉《ば》より芳《かんば》し

▽「栴檀《せんだん》」は、香《かお》りのよい植物《しょくぶつ》で、ここでは「びゃくだん」のこと。

栴檀《せんだん》は、芽《め》が生《は》え始《はじ》めたときから、もうよい香《かお》りをはなっている。**すぐれた人物《じんぶつ》は、幼《おさな》いころからすでにすぐれている**というたとえ。

つかってみよう

- 「これは、池大雅《いけのたいが》が子《こ》どものときかいた絵《え》だよ」
- 「すばらしいね。池大雅《いけのたいが》って、あの江戸時代《えどじだい》を代表《だいひょう》する絵《え》の名人《めいじん》？」
- 「そうだよ」
- 「小《ちい》さいときから、こんなに上手《じょうず》だったとは、おどろいた」
- 「**栴檀《せんだん》は二葉《ふたば》より芳《かんば》し**のいい例《れい》だね」

さんこう

「二葉《ふたば》」は芽《め》を出《だ》したときの二枚《にまい》の葉《は》で、「双葉《ふたば》」とも書《か》く。

〈反対《はんたい》の意味《いみ》のことば〉「**大器晩成《たいきばんせい》**」（168ページ）

英語《えいご》のことわざ	It early pricks that will be a thorn. 茨《いばら》になる木《き》は若木《わかぎ》のうちから刺《さ》す。

せ

船頭《せんどう》多《おお》くして船山《ふねやま》へ上《のぼ》る

船《ふね》をあやつる船頭《せんどう》が何人《なんにん》もいると、それぞれ勝手《かって》な方《ほう》へ進《すす》もうとして、船《ふね》が山《やま》にのぼってしまうことにもなりかねない。**指図《さしず》する人《ひと》が多《おお》いと、意見《いけん》がなかなかまとまらず、物事《ものごと》がとんでもない方向《ほうこう》へ進《すす》んでいってしまう**たとえ。

つかってみよう

- 「今度《こんど》の音楽発表会《おんがくはっぴょうかい》のことで…」
- 「いろいろな意見《いけん》が出《で》ているね」
- 「器楽合奏《きがくがっそう》がいいとか…」
- 「合唱《がっしょう》も入《い》れようとか…」
- 「はでな演技《えんぎ》も入《い》れようとか…」
- 「はでな演技《えんぎ》？　なんだか、ダンスの発表《はっぴょう》会《かい》になっちゃうよ」
- 「**船頭多《せんどうおお》くして船山《ふねやま》へ上《のぼ》る**だ」
- 「これでは、まとまらない。学級委員《がっきゅういいん》に決《き》めてもらおう」

英語《えいご》のことわざ	Too many cooks spoil the broth. 料理人《りょうりにん》が多《おお》すぎるとスープの味《あじ》をだめにする。

せ

善《ぜん》は急《いそ》げ

よいことを思《おも》いついたら、すぐ始《はじ》めるのがよいという教《おし》え。

つかってみよう

- 「田舎《いなか》のおばあちゃん、元気《げんき》にしているかな？」
- 「一人《ひとり》だから、さびしがっているかな？」
- 「そうだ、絵《え》のお手紙《てがみ》をかいて送《おく》ろうよ」
- 「さんせい。きっと喜《よろこ》ぶわ」
- 「いつ送《おく》ろうか？」
- 「**善《ぜん》は急《いそ》げ**、今《いま》からかきましょう」

さんこう

人間《にんげん》の心《こころ》は変《か》わりやすい。たとえば、よいことを思《おも》いついても、すぐに実行《じっこう》しないで先《さき》へ先《さき》へと延《の》ばしていると、やる気《き》がうすらいで、そのうち実行《じっこう》しないで終《お》わってしまう。そのため、気《き》が変《か》わらないうちに早《はや》く始《はじ》めなさいというのが「善《ぜん》は急《いそ》げ」の教《おし》え。

もし悪《わる》いことを思《おも》いついたら、すぐに実行《じっこう》しないで少《すこ》しでも先《さき》へ延《の》ばしなさいというのが「**悪《あく》は延《の》べよ**」。そのうちする気《き》がうすらぎ、悪《わる》いことをしないで終《お》わることができる。

そこで、「善《ぜん》は急《いそ》げ」と「悪《あく》は延《の》べよ」の二《ふた》つのことばは、いっしょになって使《つか》われることが多《おお》い。

英語《えいご》のことわざ	Make hay while the sun shines. 日《ひ》の照《て》っているうちに干《ほ》し草《くさ》を作《つく》れ。

せ

前《ぜん》門《もん》の虎《とら》後《こう》門《もん》の狼《おおかみ》

表門《おもてもん》から入《はい》ってくる虎《とら》を防《ふせ》いだかと思《おも》うと、裏門《うらもん》から狼《おおかみ》がおそいかかってくる。**一《ひと》つの災難《さいなん》を逃《のが》れたと思《おも》ったら、次《つぎ》に別《べつ》の災難《さいなん》がふりかかってくること**のたとえ。

つかってみよう

- 「ああ、こわかった。大《おお》きな犬《いぬ》が急《きゅう》にほえ出《だ》して…」
- 「それでどうしたの?」
- 「あわてて逃《に》げてきたんだ」
- 「じゃあ、よかったね」
- 「ところが、頼《たの》まれた買《か》い物《もの》をわすれて、お母《かあ》さんがおこっているんだよ」
- 「あらら、**前門《ぜんもん》の虎後門《とらこうもん》の狼《おおかみ》**とはこのことだ」

さんこう

中国《ちゅうごく》の書物《しょもつ》にあることば。

〈似《に》た意味《いみ》のことば〉「**一難《いちなん》**（＝一《ひと》つの災難《さいなん》）**去《さ》ってまた一難《いちなん》**」

せ

千里《せんり》の道《みち》も一歩《いっぽ》から

千里《せんり》の長《なが》い道《みち》を行《い》くのにも、まず最初《さいしょ》の一歩《いっぽ》から始《はじ》まる。

どんな大《おお》きな計画《けいかく》も、まず手近《てぢか》な一《ひと》つ一《ひと》つの作業《さぎょう》から始《はじ》まるというたとえ。また、**大《おお》きな仕事《しごと》を成《な》しとげるためには、小《ちい》さな一《ひと》つ一《ひと》つの努力《どりょく》の積《つ》み重《かさ》ねがだいじである**という教《おし》え。

つかってみよう

- 「外国《がいこく》の人《ひと》とぺらぺらしゃべれるようになりたいな」
- 「そのためには、まずA・B・Cのアルファベットの勉強《べんきょう》からだ」
- 「えっ、ずいぶん時間《じかん》がかかりそう…」
- 「かかるけれど、こつこつと勉強《べんきょう》を続《つづ》けるのがだいじだよ。**千里《せんり》の道《みち》も一歩《いっぽ》から**だ」
- 「なるほど、こつこつ努力《どりょく》するのね」

さんこう

中国《ちゅうごく》の書物《しょもつ》にあることば。「**千里《せんり》の道《みち》も一歩《いっぽ》より始《はじ》まる**」「**千里《せんり》の行《こう》も足《そっ》下《か》より始《はじ》まる**」など、いろいろな言《い》いかたがある。

そ

備《そな》え有《あ》れば患《うれ》い無《な》し

ふだんからしっかり準備《じゅんび》をしておけば、いざというとき心配《しんぱい》することはない。

▽「患《うれ》い」は「憂《うれ》い」と同《おな》じで、不安《ふあん》や心配《しんぱい》。

つかってみよう

●「大《おお》きな台風《たいふう》が発生《はっせい》したね」

●「いつきても大丈夫《だいじょうぶ》なように、保存用《ほぞんよう》の水《みず》や食料《しょくりょう》をリュックにつめてあるわ」

●「それなら安心《あんしん》、よかった」

●「それから、夜《よる》のために懐中電灯《かいちゅうでんとう》も用意《ようい》してあるわ」

●「お母《かあ》さん、よく気《き》がつくね」

●「**備《そな》え有《あ》れば患《うれ》い無《な》し**よ。さあ、早《はや》く寝《ね》なさい」

さんこう

中国《ちゅうごく》の書物《しょもつ》にあることば。

英語《えいご》のことわざ	Providing is preventing. 準備《じゅんび》することは予防《よぼう》することだ。

た

対《たい》岸《がん》の火《か》事《じ》

川《かわ》の向《む》こう岸《ぎし》の火事《かじ》ということで、こちらに燃《も》え移《うつ》ってくる心配《しんぱい》がないこと。

自分《じぶん》にとって直接関係《ちょくせつかんけい》のない、困《こま》ることのないできごとのたとえ。

つかってみよう

- 「アメリカで不況《ふきょう》が起《お》きているね」
- 「そのうち、日本《にほん》にも移《うつ》ってくるよ」
- 「今《いま》は、地球《ちきゅう》の反対側《はんたいがわ》で起《お》きていることでも、すぐ日本《にほん》に影響《えいきょう》する」
- 「**対岸《たいがん》の火事《かじ》**と、のんきにしていられないね」

た

た

大器晩成《たいきばんせい》

大《おお》きい器《うつわ》は、できあがるまでに時間《じかん》がかかる。

大人物《だいじんぶつ》といわれる人《ひと》は、最初《さいしょ》は目立《めだ》たないが、おくれてから才能《さいのう》をあらわし、やがてりっぱになるというたとえ。

▽「大器《たいき》」は、釣《つ》り鐘《がね》や釜《かま》などの大《おお》きな器《うつわ》。「晩成《ばんせい》」は、おそくなってできあがること。

つかってみよう

●「もう大学生《だいがくせい》だというのに、まるで幼稚《ようち》ね」

●「そうかなあ」

●「学校《がっこう》の勉強《べんきょう》も生活態度《せいかつたいど》も…。お母《かあ》さん、がっかりよ」

●「だいじょうぶ。ぼくは**大器晩成《たいきばんせい》**だから、六《ろく》十年《じゅうねん》くらいたったら、有名《ゆうめい》になって、親《おや》孝行《こうこう》するよ」

●「六十年《ろくじゅうねん》？ うれしいけれど、とても待《ま》てないわ」

さんこう

中国《ちゅうごく》の書物《しょもつ》にあることば。

〈反対《はんたい》の意味《いみ》のことば〉「**栴檀《せんだん》は二葉《ふたば》より芳《かんば》し**」（160ページ）

た

大《だい》同《どう》小《しょう》異《い》

大部分《だいぶぶん》が同《おな》じで、ほんの小《ちい》さな細《こま》かい部《ぶ》分《ぶん》だけが異《こと》なる。

ほとんど同《おな》じで、たいしてちがいがないということ。

つかってみよう

- 「相手《あいて》は、どんなチーム?」
- 「うちと同《おな》じで、投手《とうしゅ》がしっかりしている」
- 「バッティングは?」
- 「やはりうちと同《おな》じで、長打力《ちょうだりょく》はない。こつこつと当《あ》てていくタイプだ」
- 「**大同小異**《だいどうしょうい》か。あとは、気合《きあ》いの問題《もんだい》だな。よし!」

さんこう

中国《ちゅうごく》の書物《しょもつ》にあることば。

〔似《に》た意味《いみ》のことば〕「**五十歩百歩**《ごじっぽひゃっぽ》」（117ページ）・「**団栗《どんぐり》の背比《せいくら》べ**」（203ページ）・「**似《に》たり寄《よ》ったり**」

た

大《だい》は小《しょう》を兼《か》ねる

小《ちい》さいものは大《おお》きいものの役目《やくめ》は果《は》たせないが、大《おお》きいものは小《ちい》さいものの役目《やくめ》を果《は》たすことができる。

つかってみよう

- 「二《ふた》つのおなべ、どっちを買《か》おうかしら」
- 「そりゃ、大《おお》きいほうがいいわ」
- 「どうして?」
- 「だって、大《おお》きいのだと一人分《ひとりぶん》の料理《りょうり》を作《つく》るときも使《つか》えるし、家族全員分《かぞくぜんいんぶん》の料理《りょうり》を作《つく》るときも使《つか》えるでしょ」
- 「なるほど、**大《だい》は小《しょう》を兼《か》ねる**というわけね。大《おお》きいほうに決《き》めた!」

英語《えいご》のことわざ	The greater embraces the less. 大《だい》は小《しょう》をふくむ。

た

宝《たから》の持《も》ち腐《ぐさ》れ

宝《たから》を持《も》っていながら、それを役立《やくだ》てないということ。

すぐれた物《もの》や才能《さいのう》を持《も》ちながら、それを使《つか》わないでむだにしていることのたとえ。

つかってみよう

●「君《きみ》の本棚《ほんだな》には、すばらしい本《ほん》があるね。辞《じ》典《てん》に、図鑑《ずかん》に、文学《ぶんがく》に…」

●「そう、お父《とう》さんにゆずってもらったんだ」

●「いいなあ、うらやましいなあ」

●「**宝《たから》の持《も》ち腐《ぐさ》れ**にならないように、どんどん読《よ》もうと思《おも》っている。君《きみ》にも貸《か》してあげるよ」

た

蛇足《だそく》

蛇《へび》の足《あし》ということで、**余計《よけい》なものやむだなもの**のたとえ。

つかってみよう

●「健康《けんこう》のひけつはだな…」
●「はい」
●「よく食《た》べること」
●「はい」
●「よく運動《うんどう》をすること」
●「はい」
●「よく寝《ね》ること」
●「はい」
●「そして、何《なに》よりもだいじなことは…」
●「はい、はい」
●「病気《びょうき》にならないこと」
●「？？？」
●「ありゃ、これは**蛇足《だそく》**だったかな」

さんこう

楚《そ》の国《くに》のある家《いえ》で、先祖《せんぞ》の祭《まつ》りをしたとき、主人《しゅじん》が酒《さけ》をふるまおうと、さかずきいっぱいに酒《さけ》をついだ。

しかし、一人《ひとり》で飲《の》むには十分《じゅうぶん》だが、そこにいる全員《ぜんいん》が飲《の》むには足《た》りないので、相談《そうだん》して、「これから蛇《へび》の絵《え》をかく競争《きょうそう》をして、一番早《いちばんはや》くかきあげた者《もの》が、この酒《さけ》を飲《の》むことにしよう」と決《き》めた。

そこで、全員《ぜんいん》が急《いそ》いで蛇《へび》をかき始《はじ》めたが、一《いち》番《ばん》にかき終《お》わった者《もの》が、「かいたぞ、一番《いちばん》だ」と言《い》ってさかずきに手《て》をかけ、さらに、「足《あし》だってかけるぞ」と言《い》って、足《あし》をかき加《くわ》えた。

すると、ほかの一人《ひとり》が絵《え》をかきあげ、「足《あし》のあるのは、蛇《へび》ではない」と言《い》って、さかずきをうばい、酒《さけ》を飲《の》んでしまったという。

（中国《ちゅうごく》の書物《しょもつ》にある話《はなし》から）

た

立《た》つ鳥《とり》跡《あと》を濁《にご》さず

水鳥《みずどり》が、居《い》た場所《ばしょ》から水《みず》を濁《にご》さないように飛《と》び立《た》っていくということ。**使《つか》った場所《ばしょ》を立《た》ち去《さ》るとき、きれいにあとしまつをしておきなさい**といういましめ。

つかってみよう

●「いよいよ引《ひ》っこしだね」

●「そう。だから、大《おお》そうじをするの」

●「えっ、どうして？　もう、ここには住《す》まないんでしょ」

●「だって、今《いま》までお世話《せわ》になったでしょう。それから、後《あと》に来《く》る人《ひと》が気持《きも》ちよく住《す》めるようにね」

●「なるほど、**立《た》つ鳥跡《とりあと》を濁《にご》さず**だね」

さんこう

「**飛《と》ぶ鳥跡《とりあと》を濁《にご》さず**」ともいう。

〈**反対《はんたい》の意味《いみ》のことば**〉「**後《あと》は野《の》となれ山《やま》となれ**」

（15ページ）

た

立《た》て板《いた》に水《みず》

立《た》てかけた板《いた》に水《みず》をかけると、勢《いきお》いよく水《みず》が流《なが》れ落《お》ちる。

つかえることなく、すらすらとしゃべるようすのたとえ。

つかってみよう

●「あの人《ひと》に質問《しつもん》したら…」

●「どうだった？」

●「まるで**立《た》て板《いた》に水《みず》**のように答《こた》えてくれたけれど…」

●「ああ、そうね。すらすらとしゃべるよね」

●「でも、何《なに》を言《い》いたかったのか…、結局《けっきょく》わからなかった」

さんこう

「**立《た》て板《いた》に水《みず》を流《なが》すよう**」ともいう。

た

棚《たな》から牡《ぼ》丹《た》餅《もち》

口《くち》を開《あ》けて寝《ね》ていたら、棚《たな》の上《うえ》から牡《ぼ》丹《た》餅《もち》が落《お》ちてきて口《くち》の中《なか》に入《はい》った。
思《おも》わぬ幸運《こううん》にめぐり合《あ》うことのたとえ。

つかってみよう

- 「昨日《きのう》、田舎《いなか》から十年《じゅうねん》ぶりにおじいさんが来《き》たんだよ」
- 「なつかしかったろう。うれしかったろう」
- 「うれしいのなんのって、最高《さいこう》だったよ」
- 「よかったね」
- 「だって、好《す》きなゲームでも買《か》いなって、ぽんとおこづかいをくれたんだもの」
- 「おやおや、**棚《たな》から牡《ぼ》丹《た》餅《もち》**だ」

さんこう

短《みじか》く「**たなぼた**」ともいう。
「牡《ぼ》丹《た》餅《もち》」は、ここではおいしい食《た》べ物《もの》の代《だい》表《ひょう》。春《はる》の花《はな》「牡《ぼ》丹《たん》」にちなんで「牡《ぼ》丹《た》餅《もち》」とよび、秋《あき》は「萩《はぎ》」にちなんで「おはぎ」という。

た

旅《たび》は道《みち》連《づ》れ世《よ》は情《なさ》け

旅《たび》はいっしょに行《い》く人《ひと》と助《たす》け合《あ》っていくのがよいし、世《よ》の中《なか》は人《ひと》がお互《たが》いに情《なさ》けをかけ合《あ》って暮《く》らしていくのがよい。

つかってみよう

- 「修学旅行《しゅうがくりょこう》でぐあいが悪《わる》くなったら、どうしよう」
- 「だいじょうぶ。先生《せんせい》がたがめんどうをみてくださるし、お友達《ともだち》も…」
- 「そうね、わたしのお友達《ともだち》、みんな親切《しんせつ》だから、きっとすぐ治《なお》るわ」
- 「**旅《たび》は道《みち》連《づ》れ世《よ》は情《なさ》け**よ」
- 「じゃあ、心配《しんぱい》いらないわね」

さんこう

昔《むかし》の旅《たび》は大変《たいへん》に苦労《くろう》が多《おお》かったので、旅《たび》に行《い》くことは世《よ》の中《なか》を生《い》きていくことのたとえとしてよく使《つか》われる。

た

玉《たま》にきず

美《うつく》しい玉《たま》にきずがあるということ。

完全《かんぜん》だと思《おも》われていたものに、おしいことに少《すこ》しだけ欠点《けってん》があること。

つかってみよう

- 「お姉《ねえ》ちゃんはきれいだね」
- 「ありがとう」
- 「声《こえ》もいいし…」
- 「ありがとう」
- 「センスがあるし…」
- 「ありがとう」
- 「すぐおこるのが、**玉《たま》にきず**だね」
- 「まあ、失礼《しつれい》ね！」

さんこう

中国《ちゅうごく》の書物《しょもつ》にあることば。
なお、「玉《たま》」と似《に》たことばに「璧《たま》」もあり、きずのない玉《たま》を「完璧《かんぺき》」という。

英語《えいご》のことわざ	a fly in the ointment 軟膏《なんこう》の中《なか》のハエ

た

短気《たんき》は損気《そんき》

かっとなると、自分《じぶん》にとって損《そん》なことばかりになるので、短気《たんき》を起《お》こさないようにというましめ。

つかってみよう

●「すぐおこっちゃだめだよ」

●「だって、がまんできないことばかりだもの」

●「大声《おおごえ》を出《だ》せば、胸《むね》がすうっとするの?」

●「すうっとしない。よけいむしゃくしゃする」

●「じゃ、エネルギーのむだじゃないか」

●「そうだな。**短気《たんき》は損気《そんき》**、いいことは何《なに》もない」

さんこう

「損気《そんき》」は、「損《そん》」のことを「短気《たんき》」に合《あ》わせて作《つく》ったことば。このような形《かたち》を「語呂合《ごろあ》わせ」という。

コラム
4

カッコいい！「ことわざ」

「光陰矢《こういんや》のごとし！」とか「虎穴《こけつ》に入《い》らずんば虎子《こじ》を得《え》ず！」とか「人事《じんじ》を尽《つ》くして天命《てんめい》を待《ま》つ！」なんて調子《ちょうし》のことわざを見《み》ていると、なんだかちょっと人《じん》生大変《せいたいへん》そうで、なんとなく気《き》が重《おも》くなるようなところがありますけれど、ま、少《すこ》し落《お》ち着《つ》いてのんびりと考《かんが》えてみれば、「光陰矢《こういんや》のごとし」ってことは「時間《じかん》はわりあいどんどん過《す》ぎていっちゃうものですから、あんまりぼんやり、だらだらしていちゃダメよ」ぐらいの意味《いみ》だろうし、「虎穴《こけつ》に入《い》らずんば虎子《こじ》を得《え》ず」にしたって、虎《とら》の子《こ》を捕《つか》まえようと思《おも》ったら、怖《こわ》い親虎《おやとら》の

いる虎《とら》の穴《あな》の中《なか》へ入《はい》っていかなければならないのよ、覚《かく》悟《ご》はできてる？　なーんてことを言《い》っているわけで、「入《い》らずんば」あたりがちょっと重《おも》いけど、けっこうバカバカしい話《はなし》をしているわけですよ。だいいち、なんで虎《とら》の子《こ》をとっ捕《つか》まえる必要《ひつよう》があるのさ、虎《とら》の子《こ》捕《つか》まえてきてサーカス団《だん》かなにかに売《う》ったりするつもり？　やめときなよ、あたりで話《はなし》はおしまいになりそうですが、いや、いや違《ちが》うんだな、それはあくまでたとえ話《ばなし》でさ、虎《とら》の子《こ》の話《はなし》じゃないのさ、つまり、何《なに》か大切《たいせつ》なものを得《え》ようとするならそのぐらいの危険《きけん》をおかす覚《かく》悟《ご》しろってことを言《い》っているわけさ、なんて偉《えら》そうに言《い》う人《ひと》もまたいるわけで、その「大切《たいせつ》なもの」ってなにさ？　なんて聞《き》くと、それは人《ひと》それぞれでいろいろあるわけよ、なんて答《こた》えが返《かえ》ってきたりして、やっぱりよくわからないわけです。「人事《じんじ》を尽《つ》くして天命《てんめい》を待《ま》つ」なんて、その字面《じづら》からしてさらに緊張《きんちょう》してしまうのですが、これとて「いろいろやっても最後《さいご》は運《うん》よね……」ってな雰囲気《ふんいき》に満《み》ちているはずなのですが、「人《じん》事《じ》」とか「天命《てんめい》」なんて強気《つよき》に出《で》られると素人《しろうと》はちょっと腰《こし》が引《ひ》けて、そう、イメージとしては、かのタイタニック号《ごう》の船長《せんちょう》さんあたりの悲愴《ひそう》な姿《すがた》が浮《う》かぶわけで、うーん、人生《じんせい》かなりキビシイんだ、ガンバラなくちゃ、などとなってしまいそうで、ことわざなど学習《がくしゅう》しているとロクなことはないね、とちょっと思《おも》うわけです。

ところがそれは違《ちが》います。ことわざファンの僕《ぼく》としては、是非《ぜひ》みなさまにことわざの本質《ほんしつ》というものをお伝《つた》えしておかなくてはなりません。つまり、ことわざというもののいい所《ところ》はけっこうくだらないことをちょっと重《おも》ために言《い》う、ゆえに少《すこ》しカッコいい、というところなんですね。そこがことわざパワーなんです。わーっ、もう夕方《ゆうがた》だ！　やばい！　早《はや》く帰《かえ》らなくちゃ！　なんて時《とき》「おお、光陰矢《こういんや》のごとしだなあ……」なんてやればなんとなくわかっているようでカッコいいわけです。お試《ため》し下《くだ》さい。

ち

提灯《ちょうちん》に釣《つ》り鐘《がね》

提灯《ちょうちん》と釣《つ》り鐘《がね》は、形《かたち》は似《に》ているが、大《おお》きさも重《おも》さもまったくちがう。**比《くら》べものにならないほど大《おお》きなちがいがあること**のたとえ。

つかってみよう

- 「社長《しゃちょう》が引退《いんたい》することになった」
- 「あの社長《しゃちょう》は、人《ひと》がらも才能《さいのう》もりっぱでしたね」
- 「ところで、次《つぎ》の社長《しゃちょう》は君《きみ》に決《き》まりそうだ」
- 「えっ！　ごじょうだんを…とんでもないことです。わたしは、まだまだ人間《にんげん》として小《ちい》さい。あの社長《しゃちょう》とは、**提灯《ちょうちん》に釣《つ》り鐘《がね》**です」

さんこう

〈似《に》た意味《いみ》のことば〉「**雲泥《うんでい》の差《さ》**」（56ページ）・「**月《つき》とすっぽん**」（185ページ）

ち

朝《ちょう》令《れい》暮《ぼ》改《かい》

朝《あさ》に出《だ》した命令《めいれい》を夕方《ゆうがた》には改《あらた》めるというように、**命令《めいれい》や規則《きそく》がすぐに変《か》わって安定《あんてい》しないこと。**

▽「暮《ぼ》」は日暮《ひぐ》れのことで、夕方《ゆうがた》の意味《いみ》。

つかってみよう

●「あしたから、通学《つうがく》の服装《ふくそう》、自由《じゆう》ですって」
●「うれしいわ。何《なん》でも着《き》られるのね」

●「来週《らいしゅう》から、服装《ふくそう》、また元《もと》どおりだって」
●「えっ、どうして?」
●「乱《みだ》れすぎたから…」
●「自由《じゆう》って、決《き》めたばかりなのにね」
●「**朝《ちょう》令《れい》暮《ぼ》改《かい》**だわ。学校《がっこう》は、もっときちんと考《かんが》えて決《き》めてくれなければ…」

さんこう

中国《ちゅうごく》の書物《しょもつ》にあることば。

ち

塵《ちり》も積《つ》もれば山《やま》となる

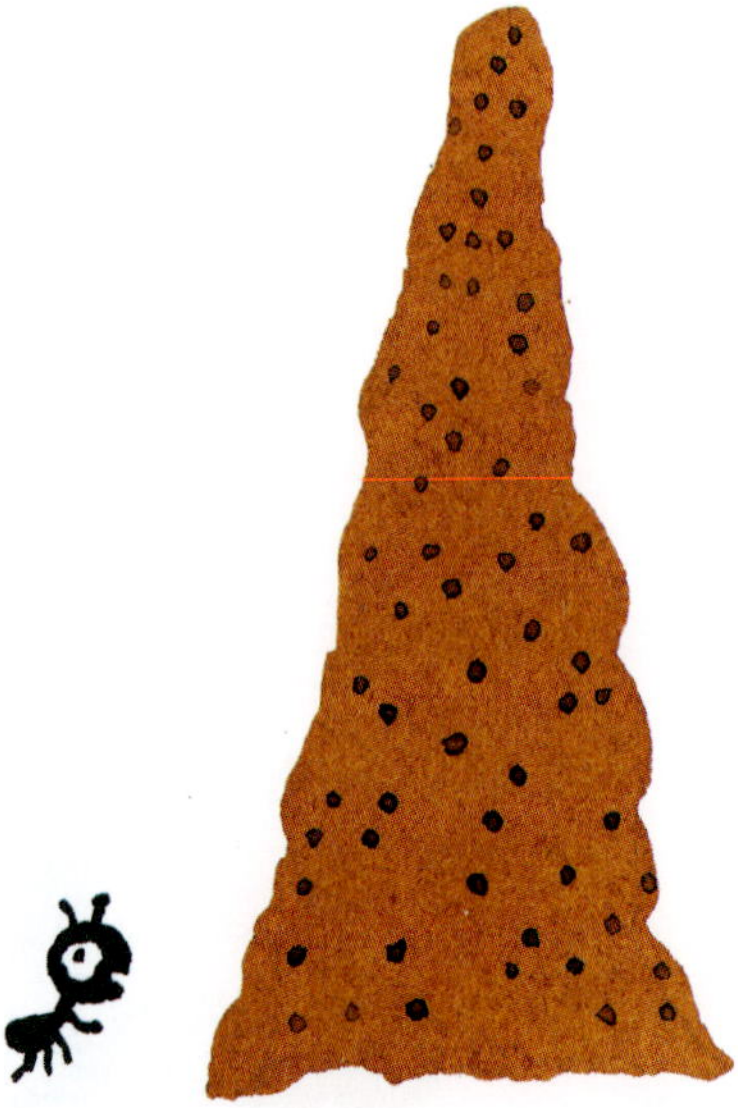

小《ちい》さな塵《ちり》も、積《つ》もり積《つ》もれば山《やま》のようになる。

わずかな努力《どりょく》でも、積《つ》み重《かさ》ねていけば、やがて大《おお》きな成功《せいこう》につながっていくという教《おし》え。また、**小《ちい》さなことでもおろそかにしてはいけない**といういましめ。

つかってみよう

- 「お父《とう》さんの本棚《ほんだな》、本《ほん》がずらりだね」
- 「若《わか》いときから読《よ》んでいた本《ほん》だ」
- 「お父《とう》さん、よくひまがあったね」
- 「ひまがあったわけではない。どんなにいそがしくても、一日三十分《いちにちさんじっぷん》は読《よ》むことにしていた」
- 「その結果《けっか》が、この数《かず》なんだね」
- 「そう、**塵《ちり》も積《つ》もれば山《やま》となる**だ」

さんこう

仏教《ぶっきょう》のことば。

英語《えいご》のことわざ	Many a little makes a mickle. 少《すこ》しの量《りょう》でも多《おお》くなれば多量《たりょう》になる。

つ

月《つき》とすっぽん

天《てん》にある月《つき》と池《いけ》にいるすっぽんは、形《かたち》は円《まる》く似《に》ているけれど、**二《ふた》つはまったくちがう**というたとえ。

▽「すっぽん」は、亀《かめ》の一種《いっしゅ》。

つかってみよう

●「あなたのとなりの席《せき》の田中君《たなかくん》、頭《あたま》がいいらしいわね」

●「そう。試験《しけん》はほとんど百点《ひゃくてん》だし…」

●「性格《せいかく》もやさしそうだし…」

●「そう。だから、みんなに人気《にんき》があるよ」

●「あなたも、**月《つき》とすっぽん**と言《い》われないようにしっかりね」

●「おやおや…比《くら》べられるのはいやだけれど、とにかくがんばるよ」

さんこう

〈似《に》た意味《いみ》のことば〉「**雲泥《うんでい》の差《さ》**」（56ページ）・「**提灯《ちょうちん》に釣《つ》り鐘《がね》**」（182ページ）

つ

鶴《つる》の一《ひと》声《こえ》

鶴《つる》の一声《ひとこえ》で決《き》まるということで、**いろいろな人《ひと》が、ああだこうだと意見《いけん》を言《い》ってなかなか決《き》まらないとき、力《ちから》のある人《ひと》の一声《ひとこえ》でさわぎがおさまったり、まとまったりすること**のたとえ。

つかってみよう

- 「引《ひ》っこしをするんだって?」
- 「そう、今度《こんど》の家《いえ》はちょっと広《ひろ》いの」
- 「だれが決《き》めたの?」
- 「お母《かあ》さんの**鶴《つる》の一声《ひとこえ》**で決《き》まったの」
- 「えっ、お父《とう》さんじゃないの?」
- 「家《いえ》のことは、お母《かあ》さんが責任者《せきにんしゃ》だから」
- 「なるほど」

さんこう

鶴《つる》は首《くび》が長《なが》く、周《まわ》りによくひびく高《たか》い声《こえ》をだすことから、このことばができた。「**雀《すずめ》の千声《せんこえ》鶴《つる》の一声《ひとこえ》**」ともいう。

て

出《で》る杭《くい》は打《う》たれる

杭《くい》が並《なら》んで立《た》っているとき、高《たか》く出《で》すぎた杭《くい》があると、その杭《くい》は上《うえ》からたたかれる。**人《ひと》よりすぐれていたり、でしゃばったりして目立《めだ》つようになると、人《ひと》から冷《つめ》たいしうちを受《う》ける**というたとえ。

つかってみよう

- 「どうして、みんなはぼくと仲《なか》よくしてくれないのかな?」
- 「いじめられているわけではないでしょう」
- 「いじめではないと思《おも》うけれど」
- 「自分《じぶん》で思《おも》いあたるところはないの?」
- 「そういえば…。ぼくは頭《あたま》がよすぎるからかな。**出《で》る杭《くい》は打《う》たれる**だね」
- 「?・?・?(まさか)…」

て

英《え》語《ご》のことわざ	Tall trees catch much wind. 高《たか》い木《き》は多《おお》くの風《かぜ》を受《う》ける。

て

天災《てんさい》は忘《わす》れた頃《ころ》にやって来《く》る

台風《たいふう》や洪水《こうずい》、地震《じしん》などの自然災害《しぜんさいがい》は、そのおそろしさを忘《わす》れたころにまたやって来《く》るので、ふだんから用心《ようじん》しておかなければならないといういましめ。

つかってみよう

●「あのときの台風《たいふう》は、すごかったね」

●「なにしろ、被害《ひがい》が大《おお》きかったもの」

●「時間《じかん》はかかったけれど、今《いま》ではすっかり町《まち》ももとにもどった。もう、当分《とうぶん》の間《あいだ》、大《おお》きな台風《たいふう》は来《こ》ないだろうね」

●「いやいや、**天災《てんさい》は忘《わす》れた頃《ころ》にやって来《く》る**だ。だから、多《おお》くの町《まち》では、今《いま》も防災訓練《ぼうさいくんれん》や避難訓練《ひなんくんれん》をやっているだろう」

さんこう

物理学者《ぶつりがくしゃ》・文学者《ぶんがくしゃ》、寺田寅彦《てらだとらひこ》のことばといわれる。

て

天網《てんもう》恢恢《かいかい》疎《そ》にして漏《も》らさず

広《ひろ》く天《てん》に張《は》りめぐらされた網《あみ》の目《め》はあらいようだが、決《けっ》して悪人《あくにん》を網《あみ》の外《そと》にもらすことはない。**悪《わる》いことをした者《もの》には必《かなら》ず天罰《てんばつ》が下《くだ》る**といういましめ。

▽「天網《てんもう》」は、天《てん》が悪人《あくにん》を捕《と》らえるために張《は》る網《あみ》。「恢恢《かいかい》」は、広《ひろ》くて大《おお》きいようす。「疎《そ》」は、目《め》があらいこと。

つかってみよう

● 「いたずらはやめなよ」

● 「だれも見《み》ていないよ」

● 「天《てん》が見《み》ているよ。**天網恢恢疎《てんもうかいかいそ》にして漏《も》らさず**。必《かなら》ず天罰《てんばつ》を受《う》けるよ」

● 「天罰《てんばつ》？　おそろしいことばだなあ。なんだかこわくなってきたから、やめておこうっと」

さんこう

中国《ちゅうごく》の書物《しょもつ》にあることば。

と

頭《とう》角《かく》を現《あらわ》す

大勢《おおぜい》の中《なか》で、頭《あたま》の先《さき》（頭角《とうかく》）がぬきん出《で》て目立《めだ》つという意味《いみ》で、**才能《さいのう》がいちだんとすぐれて目立《めだ》ってくること**のたとえ。

つかってみよう

- 「この文学者《ぶんがくしゃ》は、ノーベル賞候補《しょうこうほ》だったのね」
- 「そう、日本《にほん》を代表《だいひょう》する作家《さっか》だった」
- 「小《ちい》さいときから、作文《さくぶん》が得意《とくい》だったのかしら？」
- 「そう、中学生《ちゅうがくせい》のころから**頭角《とうかく》を現《あらわ》し**、二十《にじっ》才《さい》の時《とき》には一流《いちりゅう》の作品《さくひん》を書《か》くようになっていた」
- 「おしい人《ひと》を亡《な》くしたね」

さんこう

中国《ちゅうごく》の書物《しょもつ》にあることば。

と

灯《とう》台《だい》下《もと》暗《くら》し

周《まわ》りを明《あか》るく照《て》らす灯台《とうだい》の真下《ました》は、光《ひかり》がとどかなくて暗《くら》い。

身近《みぢか》なことは、案外気《あんがいき》づかないものだというたとえ。

つかってみよう

● 「ぼく、同《おな》じクラスの人《ひと》の誕生日《たんじょうび》、全部《ぜんぶ》言《い》えるよ」

● 「すごいな。記憶力《きおくりょく》がいいんだね」

● 「うん、記憶力《きおくりょく》には自信《じしん》がある」

● 「では、お父《とう》さん・お母《かあ》さんの誕生日《たんじょうび》は?」

● 「えーと……?」

● 「おやおや、**灯台下暗《とうだいもとくら》し**か」

さんこう

この「灯台《とうだい》」は、昔《むかし》、皿《さら》に入《い》れた油《あぶら》をともして部屋《へや》の中《なか》を照《て》らした道具《どうぐ》。その真下《ました》は、皿《さら》のかげになって暗《くら》い。

と

豆《とう》腐《ふ》にかすがい

やわらかい豆腐《とうふ》にかすがいを打《う》ちつけても、まったく何《なん》の手《て》ごたえもない。**いくら言《い》って聞《き》かせても、何《なん》の効《き》き目《め》もないこと**のたとえ。

▽「かすがい」は、材木《ざいもく》をつなぎ合《あ》わせるために打《う》ちつける、コの字形《じがた》の大《おお》きなくぎ。

つかってみよう

- 「服《ふく》を着《き》がえて…」
- 「はーい」
- 「お部屋《へや》を片《かた》づけて…」
- 「はーい」
- 「ちゃんと、やってるの?」
- 「はーい」
- 「やってないでしょ」
- 「はーい」
- 「??? お返事《へんじ》ばかりで、いくら言《い》っても**豆腐《とうふ》にかすがい**なんだから」

さんこう

〈似《に》た意味《いみ》のことば〉「**糠《ぬか》に釘《くぎ》**」(216ページ)・「**暖簾《のれん》に腕押《うでお》し**」(226ページ)

と

登《とう》竜《りゅう》門《もん》

竜門《りゅうもん》とよばれる急流《きゅうりゅう》を登《のぼ》る。**そこを突破《とっぱ》すれば必《かなら》ず出世《しゅっせ》できるといわれる難《むずか》しい所《ところ》**のたとえ。

つかってみよう

- 「将来《しょうらい》、何《なに》になりたいの?」
- 「お医者《いしゃ》さん」
- 「りっぱだな。そのためには、まずとなり町《まち》の中学《ちゅうがく》に入《はい》らなければならない」
- 「えっ! あの難《むずか》しい難《むずか》しい中学《ちゅうがく》へ?」
- 「そう、あそこが医者《いしゃ》への**登竜門《とうりゅうもん》**だ」
- 「困《こま》ったな。とても自信《じしん》がない。お医者《いしゃ》さんになるの、やめます」

さんこう

「竜門《りゅうもん》」は黄河《こうが》の上流《じょうりゅう》にある急流《きゅうりゅう》で、ここを登《のぼ》りきった鯉《こい》は竜《りゅう》になるという伝説《でんせつ》から、「登《とう》竜門《りゅうもん》」ということばができた。「登竜《とうりゅう》」という門《もん》があるわけではないので、注意《ちゅうい》。

と

遠《とお》くの親戚《しんせき》より近《ちか》くの他人《たにん》

と

いざというときには、遠《とお》くにいる親戚《しんせき》より、近《ちか》くに住《す》む他人《たにん》のほうがたよりになる。

つかってみよう

● 「お母《かあ》さんが、急《きゅう》に病気《びょうき》になったとき…」

● 「それはたいへん。どうだったの?」

● 「お向《む》かいのうちの人《ひと》が、急《いそ》いで車《くるま》で病院《びょういん》へ連《つ》れていってくれて助《たす》かった」

● 「よかったね。**遠《とお》くの親戚《しんせき》より近《ちか》くの他人《たにん》**ね」

● 「そう。だから、ぼくはお礼《れい》のために、近所《きんじょ》のそうじを始《はじ》めることにしたんだ」

さんこう

「**遠《とお》い親戚《しんせき》より近《ちか》くの他人《たにん》**」とも「**遠《とお》くの親類《しんるい》より近《ちか》くの他人《たにん》**」ともいう。

と

時《とき》は金《かね》なり

時間《じかん》はお金《かね》のようにだいじなものだから、大切《たいせつ》に使《つか》いなさい。

つかってみよう

- 「ぶらぶらしていないで、勉強《べんきょう》しなさい」
- 「やっと中学《ちゅうがく》に入《はい》ったばかりだから、のんびりしたいよ」
- 「それもわかるけれど、中学《ちゅうがく》時代《じだい》というのは、一生《いっしょう》に一度《いちど》しかないのよ」
- 「一生《いっしょう》に一度《いちど》か…」
- 「だから、その時間《じかん》をだいじに使《つか》うのよ」
- 「なるほど、**時《とき》は金《かね》なり**だね。むだづかいはもったいないないな」

英語《えいご》のことわざ	Time is money. 時《とき》は金《かね》なり。

と

とどのつまり

魚《さかな》の「ぼら」は名前《なまえ》を変《か》えていって、最《さい》後《ご》には「とど」になるということから、**結《けっ》局《きょく》のところ、あげくのはて**という意味《いみ》で使《つか》うことば。

▽「つまり」は、つまるところ、行《い》きつくところ。

つかってみよう

●「人生《じんせい》には、楽《たの》しいことばかりでなく…」

●「苦《くる》しいこともあるんでしょう?」

●「そう。いくつもの苦難《くなん》が待《ま》ち受《う》けている」

●「いやだな、そんなの」

●「しかし、だいじょうぶ。それらを乗《の》り切《き》る力《ちから》さえつけておけば…」

●「わかった。**とどのつまり**、ぼくに、『遊《あそ》んでばかりいないで、もっと勉強《べんきょう》しなさい』と言《い》いたいんでしょう」

●「当《あ》たり!」

さんこう

魚《さかな》の「ぼら」は成長《せいちょう》するにつれて、「はく」→「すばしり(おぼこ)」→「いな」→「ぼら」と名前《なまえ》を変《か》えてよばれ、最後《さいご》は「とど」となることからできたことば。

このように名前《なまえ》が変《か》わっていく魚《さかな》を「出世魚《しゅっせうお》」という。出世魚《しゅっせうお》には、ほかに「すずき」や「ぶり」などもある。

と

隣《となり》の花《はな》は赤《あか》い

うちの庭《にわ》にも花《はな》がさいているが、隣《となり》の庭《にわ》の花《はな》はいっそう赤《あか》く、美《うつく》しく見《み》える。**ほかの人《ひと》の物《もの》は、自分《じぶん》の物《もの》よりよく見《み》えて、うらやましく思《おも》える**というたとえ。

つかってみよう

「おばあちゃんからいただいたクリスマスプレゼント、お姉《ねえ》ちゃんのはりっぱで、いいなあ」

「そんなことないわ。同《おな》じ物《もの》よ」

「いや、りっぱだよ」

「じゃ、取《と》りかえてあげるわ」

「ありがとう。…あれ？　同《おな》じだ」

「それ、みなさい。**隣《となり》の花《はな》は赤《あか》い**のよ」

と

捕《と》らぬ狸《たぬき》の皮《かわ》算《ざん》用《よう》

狸《たぬき》をつかまえないうちから、狸《たぬき》の皮《かわ》を売《う》っていくらもうかるかを計算《けいさん》すること。**まだ確《たし》かでないことに期待《きたい》をかけ、あれこれと計画《けいかく》を立《た》てること**のたとえ。

▽「算用《さんよう》」は、金額《きんがく》や数量《すうりょう》を計算《けいさん》すること。

つかってみよう

- 「お正月《しょうがつ》にお年玉《としだま》をもらったら、何《なに》を買《か》うの？」
- 「前《まえ》からほしかった野球《やきゅう》のグローブと、ゲームのソフト、それに百科事典《ひゃっかじてん》、それから…」
- 「ところで、そんなに買《か》えるほどもらえるの？」
- 「うん、おじいちゃんおばあちゃん、しんせきのおばさん、そしてとなりのおじさんもくれるだろうし、ほかにも…」
- 「なんだか**捕《と》らぬ狸《たぬき》の皮算用《かわざんよう》**みたいな気《き》がするけど…」

英語《えいご》のことわざ	Don't count your chickens before they are hatched. かえらぬうちからヒナを数《かぞ》えるな。

虎《とら》の威《い》を藉《か》る狐《きつね》

虎《とら》の力《ちから》を借《か》りていばっている狐《きつね》。

自分《じぶん》には力《ちから》がないのに、ほかの人《ひと》の力《ちから》を借《か》りていばることのたとえ。

▽「威《い》」は威力《いりょく》で、力《ちから》のこと。「藉《か》る」は、借《か》りるの意味《いみ》。

つかってみよう

- 「副社長《ふくしゃちょう》はいばっているね」
- 「そう、実力《じつりょく》はないのに」
- 「この会社《かいしゃ》を、まるで自分《じぶん》の物《もの》のように考《かんが》えている」
- 「ほんとうは、社長《しゃちょう》がこわいから、みんな言《い》うことをきいているんだよ」
- 「**虎《とら》の威《い》を藉《か》る狐《きつね》**だということが、わからないのかなあ」

さんこう

虎《とら》が狐《きつね》を捕《と》らえて食《た》べようとしたところ、狐《きつね》は「私《わたし》は天《てん》の使《つか》いなので、私《わたし》を食《た》べてはいけない。信《しん》じないなら私《わたし》の後《あと》についてきてみなさい」といった。虎《とら》が狐《きつね》の後《あと》についていくと、ほかの獣《けもの》たちは虎《とら》をおそれて逃《に》げてしまった。それを見《み》た虎《とら》は、狐《きつね》をおそれてみんなが逃《に》げたのだと信《しん》じてしまった。

（中国《ちゅうごく》の書物《しょもつ》にある話《はなし》から）

英語《えいご》のことわざ	an ass in a lion's skin ライオンの皮《かわ》をかぶったろば

と

取《と》り付《つ》く島《しま》もない

困《こま》っているのに、たよりにする所《ところ》がまったくないというようすのたとえ。

つかってみよう

●「お母《かあ》さん、このことばの意味《いみ》、教《おし》えて」

●「今《いま》、夕飯《ゆうはん》のしたくでいそがしいの」

●「お父《とう》さん、教《おし》えて」

●「自分《じぶん》で調《しら》べてごらん。そのほうが勉強《べんきょう》になるよ」

●「お姉《ねえ》ちゃん、辞典《じてん》を貸《か》して」

●「学校《がっこう》に置《お》いてきちゃったわ」

●「あーあ、みんな**取《と》り付《つ》く島《しま》もない**。どうすればいいのだろう」

さんこう

ここの「島《しま》」は、たよりにするものの意味《いみ》。

と

泥棒《どろぼう》を見《み》て縄《なわ》を綯《な》う

泥棒《どろぼう》を見《み》つけてから、しばるための縄《なわ》を作《つく》るということ。

前々《まえまえ》からきちんと準備《じゅんび》をしておかないで、事《こと》が起《お》こってからあわてて用意《ようい》をすることのたとえ。

▽「綯《な》う」は、わらをより合《あ》わせて縄《なわ》を作《つく》ること。

つかってみよう

● 「お姉《ねえ》ちゃん、児童文学《じどうぶんがく》の本《ほん》、貸《か》して」

● 「おやおや、まじめな本《ほん》を読《よ》むのね」

● 「実《じつ》は、読書感想文《どくしょかんそうぶん》の宿題《しゅくだい》、あしたしめきりなんだ」

● 「えっ？　これから読《よ》むの？」

● 「しかたがないよ。急《いそ》いで読《よ》んで、急《いそ》いで書《か》くしか…」

● 「もう、いつも**泥棒《どろぼう》を見《み》て縄《なわ》を綯《な》う**じゃだめでしょう。しっかりしなさい」

さんこう

「**泥棒《どろぼう》を捕《と》らえて縄《なわ》を綯《な》う**」「**盗人《ぬすびと》を捕《と》らえて縄《なわ》を綯《な》う**」ともいい、短《みじか》く「**どろなわ**」ともいう。

と

団栗《どんぐり》の背比《せいくら》べ

形《かたち》も大《おお》きさも似《に》たような団栗《どんぐり》が、背比《せいくら》べをしているようなものだということ。**どれもたいしてすぐれていない、どれもかわりばえがしないようす**のたとえ。

つかってみよう

- 「コンクールに応募《おうぼ》する作品《さくひん》が、たくさん集《あつ》まってきたけれど…」
- 「できぐあいは、どうですか?」
- 「どれも、これも…」
- 「どれも、これも?」
- 「**団栗《どんぐり》の背比《せいくら》べ**で…」
- 「おやおや、がっかりですね」

さんこう

〈似《に》た意味《いみ》のことば〉「**五十歩《ごじっぽ》百歩《ひゃっぽ》**」(117ページ)・「**大同小異《だいどうしょうい》**」(169ページ)・「**似《に》たり寄《よ》ったり**」

と

飛《と》んで火《ひ》に入《い》る夏《なつ》の虫《むし》

夏《なつ》の夜《よる》、明《あか》るさにひかれて集《あつ》まってくる虫《むし》が、火《ひ》の中《なか》に飛《と》び込《こ》んで身《み》をこがしてしまうということ。

よく考《かんが》えないで、自分《じぶん》から災難《さいなん》の中《なか》へ飛《と》び込《こ》んでいくことのたとえ。

つかってみよう

- 「となりの県《けん》の優勝《ゆうしょう》チームが、ぼくたちと試《し》合《あい》をしたいんだって」
- 「なんでまた、となりの県《けん》から…」
- 「うちのチームが有名《ゆうめい》なので、挑戦《ちょうせん》したいんじゃない?」
- 「そうか、**飛《と》んで火《ひ》に入《い》る夏《なつ》の虫《むし》**だ。かわいそうだけれど、ギャフンと言《い》わせてやろう」

な

な

泣《な》き面《つら》に蜂《はち》

泣《な》いている顔《かお》に蜂《はち》がさすということ。**災難《さいなん》が重《かさ》なって起《お》こること**のたとえ。

つかってみよう

- 「急《きゅう》に雨《あめ》が降《ふ》ってきたんだ」
- 「そう、すごい雨《あめ》だったね」
- 「傘《かさ》を持《も》ってなくて…」
- 「えっ、それはこまっただろう?」
- 「びしょぬれで駅《えき》へかけこんだら、今度《こんど》は電《でん》車《しゃ》が不通《ふつう》だって」
- 「おやおや、**泣《な》き面《つら》に蜂《はち》**だったな」

さんこう

〈似《に》た意味《いみ》のことば〉「**踏《ふ》んだり蹴《け》ったり**」・「**弱《よわ》り目《め》に祟《たた》り目《め》**」

英語《えいご》のことわざ	Misfortunes never come singly. 不幸《ふこう》は決《けっ》して単独《たんどく》では来《こ》ない。

なくて七《なな》癖《くせ》

ないないといっても、みんな七《なな》つくらいはくせがある。**だれにでもくせはあるものだ**というたとえ。

つかってみよう

- 「お母《かあ》さん、ぼくには特《とく》にくせはないね」
- 「あるわよ。**なくて七癖《ななくせ》**というくらいだから」
- 「たとえば？」
- 「たとえば、鼻水《はなみず》が出《で》たとき、服《ふく》のそででふくでしょ」
- 「わあ、きたない」
- 「それから…」
- 「もういいよ」

さんこう

「**なくて七癖《ななくせ》あって四十八癖《しじゅうはちくせ》**」と続《つづ》けて使《つか》うこともある。

英語《えいご》のことわざ	Everyone has his faults. だれもが欠点《けってん》をもっている。

情《なさ》けは人《ひと》の為《ため》ならず

人《ひと》に情《なさ》けをかけるのは、よその人《ひと》のためではなく、自分《じぶん》のためなのだという教《おし》え。

つかってみよう

●「そんなに泣《な》かないで。わたしが助《たす》けてあげるから」

●「ありがとう。でも、どうしてそんなに親切《しんせつ》なの？」

●「だって、**情《なさ》けは人《ひと》の為《ため》ならず**だもの。結局《けっきょく》は、自分《じぶん》のためになるのよ」

さんこう

人《ひと》に情《なさ》けをかけると、その情《なさ》けがめぐりめぐって自分《じぶん》のところへもどり、自分《じぶん》も情《なさ》けをかけてもらえるという考《かんが》えからできたことば。「情《なさ》けをかけるのはその人《ひと》のためにならない」と解釈《かいしゃく》するのは、まちがい。

七《なな》転《ころ》び八《や》起《お》き

七回転《ななかいころ》んで八回起《はちかいお》き上《あ》がるということ。**何度失敗《なんどしっぱい》しても、くじけずに、そのたびごとに立《た》ち上《あ》がること**のたとえ。

つかってみよう

- 「学校《がっこう》に入《はい》るときも、何度《なんど》も落《お》ちたし…」
- 「たいへんだったのね」
- 「なかなか希望《きぼう》の会社《かいしゃ》にも入《はい》れなかったし…」
- 「かわいそう」
- 「けれど、くじけないでがんばったから、今《いま》のわたしがある」
- 「えらいわ。**七転《ななころ》び八《や》起《お》き**の人生《じんせい》か。わたしも見習《みなら》いたい」

さんこう

「**七転八起**《しちてんはっき》」ともいう。「七《なな》・八《はち》」は、数《かず》が多《おお》いことを表《あらわ》す。「七回転《ななかいころ》ぶ」と「八回起《はちかいお》きる」では数《かず》が合《あ》わないように思《おも》えるが、最初《さいしょ》の起《お》きているときを「一《いち》」と考《かんが》えれば、数《かず》が合《あ》う。

に

二《に》階《かい》から目《め》薬《ぐすり》

二《に》階《かい》から、下《した》にいる人《ひと》に向《む》かって目《め》薬《ぐすり》をさすということ。

やりかたに無理《むり》があって効《き》き目《め》がないことのたとえ。また、**物事《ものごと》がうまくはかどらなくてもどかしく思《おも》うこと**のたとえ。

つかってみよう

- 「どうしても、彼《かれ》は『うん』と言《い》わない」
- 「それはこまったな」
- 「ほんとうにこまる」
- 「では、ぼくが電話《でんわ》で説得《せっとく》してみる」
- 「いやいや、それでは**二《に》階《かい》から目《め》薬《ぐすり》**だよ。そんなことで言《い》うことをきく男《おとこ》じゃない」
- 「やっぱり、直接《ちょくせつ》会《あ》って、どかんと言《い》わなければだめか」

に

逃《に》がした魚《さかな》は大《おお》きい

釣《つ》り落《お》とした魚《さかな》は、残念《ざんねん》で残念《ざんねん》で、実際《じっさい》より大《おお》きく思《おも》える。**手《て》に入《い》れそこなったものは、残念《ざんねん》な気持《きも》ちから、実際《じっさい》よりすばらしい物《もの》に思《おも》えるものだ**というたとえ。

つかってみよう

- 「このあいだ、あの店《みせ》で、ちょっとすてきなバッグを売《う》っていたの」
- 「買《か》わなかった？」
- 「そう、また来《き》たときでいいと思《おも》って…。そして、昨日《きのう》行《い》ったら、売《う》れていて、もうなかったの」
- 「あらあら」
- 「くやしいわ。あんなバッグ、二度《にど》と手《て》に入《はい》らない。もう、くやしくてくやしくて…。とにかく、すごくすてきだったの」
- 「さっきは『ちょっと』で今度《こんど》は『すごく』…、**逃《に》がした魚《さかな》は大《おお》きい**のね」

さんこう

「**釣《つ》り落《お》とした魚《さかな》は大《おお》きい**」ともいう。

に

日進月歩《にっしんげっぽ》

日《ひ》のように進《すす》み、月《つき》のように歩《あゆ》むということ。

時間《じかん》と共《とも》に絶《た》えず進歩《しんぽ》していくようす。

つかってみよう

- 「新型《しんがた》の新幹線《しんかんせん》の車両《しゃりょう》ができるし…」
- 「速《はや》くて、かっこいいね」
- 「新型《しんがた》の自動車《じどうしゃ》ができるし…」
- 「エコカーだね」
- 「日本《にほん》の工業《こうぎょう》技術《ぎじゅつ》は、**日進月歩《にっしんげっぽ》**だ」
- 「そうだね。みんなに役立《やくだ》つ物《もの》、みんなが喜《よろこ》ぶ物《もの》を、どんどん造《つく》ってほしいな」

に

二《に》度《ど》あることは三《さん》度《ど》ある

二度《にど》続《つづ》けてあったことは、もう一度《いちど》ある。**物事《ものごと》はくり返《かえ》し起《お》こるものである**というたとえ。

つかってみよう

- 「朝《あさ》、電車《でんしゃ》の中《なか》に傘《かさ》を忘《わす》れてきちゃって…」
- 「そうだったの」
- 「終点《しゅうてん》の駅《えき》まで取《と》りに行《い》ったんだ」
- 「たいへんだったわね」
- 「そうしたら、その帰《かえ》り、またその傘《かさ》を忘《わす》れてきちゃった」
- 「えっ」
- 「だから、またこれから取《と》りに行《い》く」
- 「**二度《にど》あることは三度《さんど》ある**というから、今度《こんど》はちゃんと持《も》って帰《かえ》ってきなさい」

さんこう

「よくないことは、くり返《かえ》されることが多《おお》いので、気《き》をつけなさい」といういましめもふくんでいる。

二《に》兎《と》を追《お》う者《もの》は一《いっ》兎《と》をも得《え》ず

いっぺんに二羽《にわ》の兎《うさぎ》を捕《と》らえようとすると、両方《りょうほう》に逃《に》げられてしまい、一羽《いちわ》の兎《うさぎ》も手《て》に入《はい》らない。

同時《どうじ》に、欲《よく》ばって二《ふた》つの事《こと》をしようとすると、結局《けっきょく》はどちらも成功《せいこう》しないといういましめ。

つかってみよう

●「どうして、ピッチャーをやめてしまったの?」

●「もともと、上《うえ》から投《な》げていたんだ」

●「オーバースローだね」

●「下《した》から投《な》げるのにも魅力《みりょく》を感《かん》じて…」

●「アンダースローだ」

●「両方《りょうほう》交《ま》ぜて投《な》げていたら、肩《かた》をこわしちゃって…」

●「おやおや、**二兎《にと》を追《お》う者《もの》は一兎《いっと》をも得《え》ず**だったのか。もったいない」

さんこう

〈似《に》た意味《いみ》のことば〉「**虻蜂捕《あぶはちと》らず**」(**16**ページ)

〈反対《はんたい》の意味《いみ》のことば〉「**一挙両得《いっきょりょうとく》**」(**35**ページ)・「**一石二鳥《いっせきにちょう》**」(**40**ページ)

英語《えいご》のことわざ If you run after two hares, you will catch neither.
二羽《にわ》のうさぎを追《お》う者《もの》はどちらもつかまえられない。

に

人《にん》間《げん》万《ばん》事《じ》塞《さい》翁《おう》が馬《うま》

一生《いっしょう》の間《あいだ》には、よいことが悪《わる》いことになったり、悪《わる》いことがよいことになったりするもので、何《なに》が幸《しあわ》せか、不幸《ふこう》か、前《まえ》もってわかるものではない。

つかってみよう

●「何《なに》をしおれているんだい」

●「入学試験《にゅうがくしけん》に失敗《しっぱい》したんだ。もう、お先真《さきま》っ暗《くら》だ」

●「何《なに》を言《い》ってるんだ。入試《にゅうし》ぐらいで」

●「だけど、せっかく努力《どりょく》してきたのに…」

●「だいじょうぶ。その努力《どりょく》は、きっとほかの事《こと》で役立《やくだ》つよ。**人間万事塞翁《にんげんばんじさいおう》が馬《うま》**だ。どんな幸《しあわ》せが待《ま》っているかもしれない。元気《げんき》を出《だ》しなよ」

さんこう

昔《むかし》、中国《ちゅうごく》の国境近《こっきょうちか》くに住《す》む老人《ろうじん》（塞翁《さいおう》）の馬《うま》が逃《に》げた。村《むら》の人々《ひとびと》は同情《どうじょう》してなぐさめると、老人《ろうじん》は、「いや、これが幸《さいわ》いになるかもしれない」と語《かた》った。

すると思《おも》ったとおり、逃《に》げた馬《うま》がりっぱな馬《うま》を連《つ》れてもどってきた。村《むら》の人々《ひとびと》がお祝《いわ》いにかけつけると、老人《ろうじん》は、「いや、これが災《わざわ》いになるかもしれない」と語《かた》った。

馬《うま》の数《かず》が増《ふ》え、息子《むすこ》が馬《うま》に乗《の》っていたところ、落馬《らくば》して足《あし》の骨《ほね》を折《お》ってしまった。村《むら》の人々《ひとびと》が同情《どうじょう》してなぐさめると、老人《ろうじん》は「いや、これが幸《さいわ》いになるかもしれない」と語《かた》った。

やがて戦争《せんそう》が起《お》こり、村《むら》の若者《わかもの》たちは戦場《せんじょう》にかり出《だ》され、ほとんどが死《し》んだ。老人《ろうじん》の息子《むすこ》は足《あし》が不自由《ふじゆう》なため、戦場《せんじょう》に行《い》くことなく、生《い》き長《なが》らえたという。

（中国《ちゅうごく》の書物《しょもつ》にある話《はなし》から）

短《みじか》く「**塞翁《さいおう》が馬《うま》**」ともいう。

ぬ

糠《ぬか》に釘《くぎ》

ぬかに釘《くぎ》を差《さ》しても、すうっと入《はい》っていくだけで、何《なん》の手《て》ごたえもない。**いろいろ注意《ちゅうい》をしても、何《なん》の効《き》き目《め》もないこと**のたとえ。

つかってみよう

●「お母《かあ》さん、『ぬか』って、なあに?」

●「ぬかは、玄米《げんまい》をきれいにするときに出《で》る粉《こな》よ」

●「それでわかったよ」

●「何《なに》が?」

●「お母《かあ》さんがいつもぼくに、『勉強《べんきょう》しなさい、しなさいと言《い》っても、さっぱりしない。**糠《ぬか》に釘《くぎ》**だわ』っていう意味《いみ》が」

●「なるほどね。そうかもしれないけど…」

さんこう

〈似《に》た意味《いみ》のことば〉「**豆腐《とうふ》にかすがい**」（192ページ）・「**暖簾《のれん》に腕押《うでお》し**」（226ページ）

ぬ

濡《ぬ》れ手《て》で粟《あわ》

濡《ぬ》れた手《て》で粟《あわ》をつかむと、手《て》に粟《あわ》がたくさんくっついてくる。

あまり苦労《くろう》をしないで、たくさんの利益《りえき》を得《え》ることのたとえ。

▽「粟《あわ》」は、穀物《こくもつ》の一種《いっしゅ》。

つかってみよう

●「どうしたんだい、にやにやして」

●「昨日《きのう》の夕方《ゆうがた》、大雨《おおあめ》が降《ふ》ってきたね」

●「うん。とつぜん、すごい雨《あめ》だったね」

●「そこで、今《いま》まで売《う》れなくてたまっていた傘《かさ》と長靴《ながぐつ》を出《だ》してきて、店《みせ》の前《まえ》に並《なら》べたら…」

●「そうしたら?」

●「あっという間《ま》に、全部売《ぜんぶう》れちゃった。まさに**濡《ぬ》れ手《て》で粟《あわ》**だった」

●「大雨《おおあめ》さまさまだね」

さんこう

「**濡《ぬ》れ手《て》で粟《あわ》のつかみ取《ど》り**」ともいう。「濡《ぬ》れ手《て》で泡《あわ》」と書《か》かないように注意《ちゅうい》。

〈**似《に》た意味《いみ》のことば**〉「**漁夫《ぎょふ》の利《り》**」（92ページ）

ね

猫《ねこ》にかつおぶし

猫《ねこ》のそばに、猫《ねこ》の好《す》きなかつおぶしを置《お》くということ。**人《ひと》の欲《ほ》しがるものをその人《ひと》のそばに置《お》くと、まちがいが起《お》きやすい、危《あぶ》ない**というたとえ。

つかってみよう

●「では、行《い》ってくるわ。お留守番《るすばん》、たのむわね」

●「行《い》ってらっしゃい」

●「ただいま。お留守番《るすばん》、ありがとう」

●「いつだって、してあげるわ」

●「あら、夕飯《ゆうはん》のデザートに用意《ようい》していたいちごが…、一《ひと》つも残《のこ》ってないわ。しまった、**猫《ねこ》にかつおぶし**だった」

さんこう

「**猫《ねこ》にかつおぶしの番《ばん》**」ともいう。

英語《えいご》のことわざ	He sets the fox to keep the geese. 狐《きつね》に鵞鳥《がちょう》の番《ばん》をさせる。

ね

猫《ね》に小《こ》判《ばん》

猫《ねこ》に小判《こばん》をあたえても、猫《ねこ》にはそのありがたみがわからないということ。**りっぱな物《もの》をあたえても、値打《ねう》ちのわからない人《ひと》には、なんの役《やく》にも立《た》たないこと**のたとえ。

▽「小判《こばん》」は、昔《むかし》のお金《かね》。

つかってみよう

●「うちの娘《むすめ》をピアニストにしようと思《おも》って…」

●「まあ、すてき」

●「グランドピアノを買《か》ったの」

●「まあ、すごい」

●「けれど、うちの娘《むすめ》、さっぱり弾《ひ》かないの」

●「ピアニストになりたくないの？」

●「興味《きょうみ》がないって。**猫《ねこ》に小判《こばん》**だわ」

さんこう

〈似《に》た意味《いみ》のことば〉「**豚《ぶた》に真珠《しんじゅ》**」（255ページ）

ね

猫《ねこ》をかぶる

まるで猫《ねこ》のようにおとなしくするということ。

ほんとうの性質《せいしつ》をかくして、おとなしそうに見《み》せるようすのたとえ。

つかってみよう

- 「彼女《かのじょ》、やさしいわね」
- 「えっ、そうかしら?」
- 「いつもにこにこしていて…」
- 「えっ、そうかしら?」
- 「うちへ来《き》てもいつもきちんとしているし」
- 「そう?　わたしといるときは、ひどい態度《たいど》よ。きっと、よそでは**猫《ねこ》をかぶっている**のね」

さんこう

このことから、「**猫《ねこ》かぶり**」ということばもできた。知《し》っているのに、知《し》らないふりをする意味《いみ》にも使《つか》う。

ね

根《ね》も葉《は》もない

根《ね》もなければ、葉《は》もない草木《くさき》のこと。**事実《じじつ》もなければ証拠《しょうこ》もない、まったく何《なに》もないようす**のたとえ。

つかってみよう

● 「今度《こんど》の選挙《せんきょ》に立候補《りっこうほ》するそうですが？」

● 「そんなことはない」

● 「大物《おおもの》の政治家《せいじか》に会《あ》っているそうですが？」

● 「そんなことはない」

● 「有権者《ゆうけんしゃ》に、だいぶお金《かね》を使《つか》っているそうですが？」

● 「失礼《しつれい》な！そんな**根《ね》も葉《は》もない**うわさを流《なが》さないでくれ。落選《らくせん》しちゃうじゃないか！」

● 「あれ？？……」

ね

念《ねん》には念《ねん》を入《い》れる

よく注意《ちゅうい》をして確《たし》かめたうえに、さらに注意《ちゅうい》をして確《たし》かめる。

▽「念《ねん》」は、よく注意《ちゅうい》する、よく確《たし》かめること。

つかってみよう

● 「試験《しけん》、まったくだめだったよ」
● 「おやおや、またなの」
● 「よく考《かんが》えたのだけれどな…」
● 「試験《しけん》でだいじなのは、うっかりミスをなくすこと。答《こた》えを書《か》いたら、見直《みなお》すの。**念《ねん》には念《ねん》を入《い》れるの**」
● 「うっかりミスどころか、はじめから全部《ぜんぶ》わからなかったので、見直《みなお》す必要《ひつよう》もなかったよ」

さんこう

〈似《に》た意味《いみ》のことば〉「**石橋《いしばし》を叩《たた》いて渡《わた》る**」（26ページ）

英語《えいご》のことわざ	Look before you leap. 跳《と》ぶ前《まえ》に見《み》よ。

能《のう》ある鷹《たか》は爪《つめ》を隠《かく》す

えものを捕《と》るのが上手《じょうず》な鷹《たか》は、そのするどい爪《つめ》を見《み》せないで隠《かく》しておく。**ほんとうに力《ちから》や才能《さいのう》のある人《ひと》は、その力《ちから》や才能《さいのう》を見《み》せびらかすようなことはしない**というたとえ。

つかってみよう

● 「昨日《きのう》、彼《かれ》の家《いえ》に行《い》って、びっくりしたよ」

● 「どんなことで?」

● 「彼《かれ》の本棚《ほんだな》には、歴史《れきし》の本《ほん》がびっしり」

● 「ほう、歴史《れきし》が得意《とくい》そうには見《み》えないけれど…」

● 「そう、ぼくも、彼《かれ》と歴史《れきし》の話《はなし》をしたことはなかった。でも、**能《のう》ある鷹《たか》は爪《つめ》を隠《かく》す**。とてもよく知《し》っていたよ。感心《かんしん》だな」

● 「ほんとうは、よく勉強《べんきょう》しているんだね」

喉《のど》から手《て》が出《で》る

のどから手《て》が出《で》そうになるくらい、**欲《ほ》しくて欲《ほ》しくてたまらないようす。**

つかってみよう

- 「今度《こんど》、新《あたら》しいゲームが出《で》るんだってね」
- 「そう、かなりおもしろいらしい」
- 「ぼくは、前々《まえまえ》からねらっていたんだ」
- 「じゃあ、買《か》うの？」
- 「もちろん、**喉《のど》から手《て》が出《で》る**ほど欲《ほ》しいのだけれど、残念《ざんねん》ながら…」
- 「残念《ざんねん》ながら？」
- 「貯金《ちょきん》が足《た》りないんだ」

の

喉元《のどもと》過《す》ぎれば熱《あつ》さを忘《わす》れる

熱《あつ》いと思《おも》っても、のみこんでしまうと熱《あつ》いと感《かん》じなくなる。**苦《くる》しかったことやありがたく思《おも》ったことも、その時《とき》が過《す》ぎてしまうと、すっかり忘《わす》れてしまうものだ**というたとえ。

▽「喉元《のどもと》」は、のどのあたり。のどのおく。

つかってみよう

●「また遊《あそ》んでいるの？」

●「うん、試験《しけん》までだいぶある」

●「この前《まえ》の試験《しけん》のこと、思《おも》い出《だ》しなさいよ」

●「なんだっけ？」

●「ひどい点数《てんすう》で、泣《な》いていたでしょう」

●「そうだっけ？」

●「まあ。**喉元《のどもと》過《す》ぎれば熱《あつ》さを忘《わす》れる**ね。今《こん》度《ど》は、泣《な》かないように準備《じゅんび》しておきなさい」

さんこう

〈**似《に》た意味《いみ》のことば**〉「**病治《やまいなお》りて医師《いし》忘《わす》る**」病気《びょうき》が治《なお》ると、お医者《いしゃ》さんのありがたさを忘《わす》れてしまう。

英語《えいご》のことわざ	The danger past and God forgotten. 危険《きけん》が過《す》ぎ去《さ》ると神《かみ》は忘《わす》れられる。

暖簾《のれん》に腕《うで》押《お》し

垂《た》れ下《さ》がっている暖簾《のれん》を腕《うで》で押《お》しても、ただふわっとしているだけで、何《なん》の手《て》ごたえもない。

力《ちから》を入《い》れても何《なん》の効《き》き目《め》もない、張《は》り合《あ》いもないことのたとえ。

▽「暖簾《のれん》」は、店《みせ》の名前《なまえ》などを書《か》いて、入《い》り口《ぐち》に垂《た》れ下《さ》げておく布《ぬの》。

つかってみよう

- 「信号《しんごう》を守《まも》ってもらいたい」
- 「守《まも》らない大人《おとな》が多《おお》いのは、こまりますね」
- 「毎朝《まいあさ》、交通当番《こうつうとうばん》をしているけれど、さっぱりよくならない」
- 「**暖簾《のれん》に腕押《うでお》し**ですね」
- 「大人《おとな》は、子《こ》どもの模範《もはん》にならなければいけないのになあ」

さんこう

〈似《に》た意味《いみ》のことば〉「**豆腐《とうふ》にかすがい**」（192ページ）・「**糠《ぬか》に釘《くぎ》**」（216ページ）

は

背《はい》水《すい》の陣《じん》

川《かわ》を背《せ》にして、もう退《しりぞ》けないという決《けっ》死《し》の覚《かく》悟《ご》で陣《じん》をしくこと。

絶《ぜっ》対《たい》に負《ま》けられない、失《しっ》敗《ぱい》できないという必《ひっ》死《し》の気《き》持《も》ちで物《もの》事《ごと》にあたることのたとえ。

つかってみよう

● 「受《じゅ》験《けん》は、第《だい》一《いち》志《し》望《ぼう》の一《いっ》校《こう》だけにするよ」

● 「それは危《あぶ》ないよ。落《お》ちてもだいじょうぶなように、第《だい》二《に》、第《だい》三《さん》の志《し》望《ぼう》校《こう》も受《う》けておいたほうがいいよ」

● 「すべり止《ど》めはいやだ。ここがだめだったら行《い》くところがないという**背《はい》水《すい》の陣《じん》**で、勉《べん》強《きょう》するよ」

● 「強《つよ》気《き》だなあ。その気《き》持《も》ちなら、きっと合《ごう》格《かく》するよ」

さんこう

中《ちゅう》国《ごく》の漢《かん》の韓《かん》信《しん》が趙《ちょう》と戦《たたか》ったとき、川《かわ》を背《せ》にして陣《じん》をしき、兵《へい》士《し》を必《ひっ》死《し》に戦《たたか》わせて勝《しょう》利《り》したという。

（中《ちゅう》国《ごく》の書《しょ》物《もつ》「史《し》記《き》」にある話《はなし》から）

白眉《はくび》

多《おお》くの中《なか》で、特《とく》に目立《めだ》ってすぐれているもの。

▽「白眉《はくび》」は、白《しろ》い眉毛《まゆげ》。

つかってみよう

- 「すばらしいミュージカルだったね」
- 「歌《うた》も、みんな上手《じょうず》だったし…」
- 「衣装《いしょう》もすてきだったし…」
- 「舞台装置《ぶたいそうち》もみごとだったし…」
- 「照明《しょうめい》もきれいだったわ」
- 「どの場面《ばめん》もよかったけれど、**白眉《はくび》**はやはりフィナーレかな。観客《かんきゃく》が熱狂《ねっきょう》して、総立《そうだ》ちになったね」

さんこう

蜀《しょく》の馬氏《ばし》には、五人《ごにん》の子《こ》どもがあった。どの子《こ》も秀才《しゅうさい》のほまれが高《たか》かったが、中《なか》でも、眉《まゆ》に白《しろ》い毛《け》が生《は》えている長男《ちょうなん》の馬良《ばりょう》が最《もっと》もすぐれていたという。

（中国《ちゅうごく》の書物《しょもつ》「三国志《さんごくし》」にある話《はなし》から）

は

はしにも棒《ぼう》にもかからない

細《ほそ》いはしではつかめないし、太《ふと》い棒《ぼう》をつかってもひっかからない。**どうあつかったらよいのかわからない、どうしようもない**というたとえ。また、**なんのとりえもない**意味《いみ》にも使《つか》う。

つかってみよう

●「外《そと》へ出《で》れば、友達《ともだち》をいじめてくるし…」

●「そうだね」

●「うちでは、だらだらしているだけだし…」

●「こまった弟《おとうと》だね」

●「やさしく言《い》えばつけあがるし、きびしく注《ちゅう》意《い》すればすぐ泣《な》くし…」

●「どうすればいいのかなあ」

●「とにかく、**はしにも棒《ぼう》にもかからない**子《こ》で、お父《とう》さん、頭《あたま》が痛《いた》いよ」

外国《がいこく》でも！「ことわざ」

コラム 5

この『ことわざをおぼえる辞典《じてん》』のための二百数十《にひゃくすうじゅう》枚《まい》のイラストレーションを描《か》き終《お》えてすぐにぼくは旅《りょ》行《こう》に出《で》かけて、この文章《ぶんしょう》はその旅《たび》の途中《とちゅう》、空港《くうこう》でちょっと時間《じかん》がある時《とき》や、街《まち》の散歩《さんぽ》の途中《とちゅう》のカフェなんかで、あるいはホテルの部屋《へや》などで書《か》いているのですが、なにしろこのところずっと「ことわざ」をやっていたので頭《あたま》の中《なか》にまだまだ「ことわざ」が染《し》み込《こ》んでいるらしく、石《いし》の上《うえ》に建《た》っている偉人《いじん》の銅像《どうぞう》を見《み》れば「石《いし》の上《うえ》にも三年《さんねん》か……」とか、お年寄《としよ》りが孫《まご》みたいなやつと言《い》い争《あらそ》ってたりするのを見《み》かければ「老《お》いては

子《こ》に従《したが》えって言《い》うだろうが……」とか、よくわからない外国語《がいこくご》をとりあえずちょっと憶《おぼ》えようかななどと思《おも》いながらも「一《いち》を聞《き》いて十《じゅう》を知《し》る、ってわけにはなかなかゆかないもんね……」などと考《かんが》えていたりして、もうぜんぜんことわざな日々《ひび》というわけで、ついでに外国《がいこく》にはどんなことわざがあるのかしらねなんて思《おも》って、外国《がいこく》の友《とも》だちに聞《き》いてみたくなってしまうほどことわざ頭《あたま》になっているのですね。

これがまたいろいろあるのですよ。昨夜《さくや》会《あ》った人《ひと》はイギリス系《けい》の言葉《ことば》をよく知《し》っていて、たとえば「ティーカップの中《なか》の嵐《あらし》」っていう言《い》い回《まわ》しがあるよ、なんて教《おし》えてくれました。いや、教《おし》えてくれましたっていっても、その人《ひと》も「どーいう意味《いみ》だろうね……」なんてたよりなさなんですが、ま、それはたぶん茶碗《ちゃわん》の中《なか》のような狭《せま》いところで嵐《あらし》が起《お》きてもたいしたことないよ、そのうちすぐおさまるものさ、というようなことじゃない？　いや、狭《せま》いところゆえにその嵐《あらし》はけっこうすさまじいものでさ、たとえば家庭内《かていない》のトラブルとか、仲間喧嘩《なかまげんか》みたいに、当事者《とうじしゃ》はけっこう大変《たいへん》な大問題《だいもんだい》、というような意味《いみ》じゃないのかね？　などとはっきりしたことはわからずじまいでした。他《ほか》にも「牛《うし》に靴《くつ》をはかせる」とか「坊《ぼう》さんの鍋《なべ》は大《おお》きな穴《あな》があいている」とか「幸運《こううん》の女神《めがみ》は後《うし》ろがハゲだ」とか、なにしろいろいろあって、それぞれどーいう意味《いみ》？　それこういう意味《いみ》？　と、まことに楽《たの》しいわけです。ちなみに、後《うし》ろがハゲの女神《めがみ》さんというのはどうやら「幸運《こううん》というものはやって来《き》たらすぐにしっかりとつかまえないとダメよ。ちょっとでも遅《おそ》くなるともうつかまえられないよ、だって幸運《こううん》の女神《めがみ》さんの頭《あたま》の後《うし》ろはなにしろハゲだからね」ってなことなんですってさ。ああ、なるほど、それを日本《にほん》のことわざで言《い》えば「善《ぜん》は急《いそ》げ」かね、いや「果報《かほう》は寝《ね》て待《ま》て」？　いや少《すこ》し違《ちが》うね、「棚《たな》から牡丹餅《ぼたもち》」？　うーん、などと盛《も》り上《あ》がれば「ことわざ」もまさに国際的《こくさいてき》ということです。

は

破《は》竹《ちく》の勢《いきお》い

最初《さいしょ》の節《ふし》に割《わ》れ目《め》をつけると、竹《たけ》は一気《いっき》に下《した》まで割《わ》れていくことから、**止《と》めることができないほどの激《はげ》しい勢《いきお》いで進《すす》んでいくようす**のたとえ。

つかってみよう

●「うちの県《けん》の代表《だいひょう》は、一回戦《いっかいせん》で勝《か》つと…」

●「続《つづ》いて、二回戦《にかいせん》も勝《か》ったね」

●「そう。そして、あれよあれよと決勝戦《けっしょうせん》へ進出《しんしゅつ》だ」

●「とにかくすごい。**破竹《はちく》の勢《いきお》い**だ」

●「このままいけば優勝《ゆうしょう》だよ、きっと」

さんこう

中国《ちゅうごく》の書物《しょもつ》にあることば。

は

破《は》天《てん》荒《こう》

今《いま》までだれもできなかったことを、成《な》しとげること。

▽「天荒《てんこう》」は、開《ひら》かれていない荒《あ》れ地《ち》。

つかってみよう

●「このチームは、ずっと弱《よわ》かった」

●「いつも、最下位《さいかい》あたりをうろうろしていたね」

●「ところが、あの新人投手《しんじんとうしゅ》が入《はい》ってきて、いきなり二十勝《にじっしょう》。そして、チームは優勝《ゆうしょう》だ」

●「**破天荒**《はてんこう》の大活躍《だいかつやく》だね。今《いま》や、英雄《えいゆう》だよ」

さんこう

唐《とう》の時代《じだい》、役人《やくにん》になる試験《しけん》に一人《ひとり》も合格者《ごうかくしゃ》が出《で》ない地方《ちほう》があったので、人々《ひとびと》はその土地《とち》を「天荒《てんこう》」とよんでいた。ところが、劉蛻《りゅうぜい》という者《もの》が初《はじ》めて合格《ごうかく》したので、人々《ひとびと》は「これは破天《はてん》荒《こう》(＝天荒《てんこう》を破《やぶ》る)だ」とおどろいたという。

(中国《ちゅうごく》の書物《しょもつ》にある話《はなし》から)

鳩《はと》が豆《まめ》鉄《でっ》砲《ぽう》を食《く》ったよう

まるで、鳩《はと》が豆鉄砲《まめでっぽう》でうたれて、びっくりしているようだ。

思《おも》いがけないことにおどろいて、きょとんとしているようすのたとえ。

▽「豆鉄砲《まめでっぽう》」は、豆《まめ》を弾《たま》にしたおもちゃの鉄砲《てっぽう》。

つかってみよう

- 「あしたも、学校《がっこう》でがんばるんだぞ」
- 「えっ？」
- 「先生《せんせい》の言《い》うことをよく聞《き》いて…」
- 「…？」
- 「さあ、あしたの時間割《じかんわ》りをそろえて、さっさと寝《ね》なさい」
- 「…？」
- 「どうしたんだ、**鳩《はと》が豆鉄砲《まめでっぽう》を食《く》ったよう**な顔《かお》をして」
- 「お父《とう》さん、あしたは日曜日《にちようび》なんだけど…」

さんこう 短《みじか》く「**鳩《はと》に豆鉄砲《まめでっぽう》**」ともいう。

は

鼻《はな》が高《たか》い

鼻《はな》を高《たか》く上《うえ》に向《む》けているようすから、**じまんしているようす**、**得意《とくい》になっているようす**を表《あらわ》すことば。

つかってみよう

●「成績《せいせき》がぐんぐん上《あ》がっているね」
●「うん、がんばっているからね」
●「お母《かあ》さんはうれしいわ」
●「うん、もっとがんばるよ」
●「お母《かあ》さん、**鼻《はな》が高《たか》い**わ」
●「わしもじゃ」
●「あっ、おじいさんもね」

は

話《はな》し上手《じょうず》は聞《き》き上手《じょうず》

話《はな》すのが上手《じょうず》な人《ひと》というのは、相手《あいて》の話《はなし》を聞《き》くのも上手《じょうず》だ。

つかってみよう

●「これからの日本《にほん》はだな…」

●「質問《しつもん》！」

●「だまりなさい。今《いま》、わたしはだいじな話《はなし》をしている。これからの日本《にほん》はだな…」

●「質問《しつもん》！」

●「うるさいな。だいじな話《はなし》をしているんだ。これからの日本《にほん》はだな…」

●「だめだね、あの人《ひと》。自分《じぶん》ばかりしゃべろうとしている。しかも得意《とくい》そうにね」

●「**話《はな》し上手《じょうず》は聞《き》き上手《じょうず》**のはずなのに、あれじゃ、話《はな》し上手《じょうず》とは言《い》えないよ」

さんこう

〈反対《はんたい》の意味《いみ》のことば〉「話《はな》し上手《じょうず》の聞《き》き下手《べた》」

は

花《はな》より団子《だんご》

美《うつく》しい花《はな》を目《め》で見《み》て楽《たの》しむよりも、おいしい団子《だんご》を食《た》べておなかを満《み》たすほうがよい。**実際《じっさい》に役立《やくだ》つ物《もの》を手《て》に入《い》れたほうがよい**というたとえ。

つかってみよう

- 「ここが博物館《はくぶつかん》だ。いろいろ勉強《べんきょう》になるものが並《なら》んでいる」
- 「あっ、あそこに食堂《しょくどう》がある」
- 「寄《よ》っていくかい？」
- 「ああ、おいしそうな物《もの》がたくさん並《なら》んでいるわ。わたし、ずうっとここにいるから、お父《とう》さん、一人《ひとり》で見学《けんがく》してきていいよ」
- 「おやおや、**花《はな》より団子《だんご》**かい」

英語《えいご》のことわざ	Bread is better than the songs of birds. 小鳥《ことり》の歌《うた》よりパンのほうがいい。

は

歯《は》に衣《きぬ》着《き》せぬ

歯《は》に衣服《いふく》を着《き》せないということから、**ことばをかざらないで、思《おも》ったことをずばずばと言《い》う**たとえ。

つかってみよう

- 「君《きみ》は、ずぼらだ」
- 「はい、たしかに」
- 「友達《ともだち》にきらわれるようなことも、平気《へいき》で言《い》う」
- 「そうかも…」
- 「そして、何《なに》よりも勉強《べんきょう》が…」
- 「えっ、先生《せんせい》、もう少《すこ》しやさしく言《い》ってください。そんな**歯《は》に衣《きぬ》着《き》せぬ**言《い》いかただと、ぼく、まいってしまいます」

さんこう

ここの「歯《は》」は、口《くち》から出《で》ることばのこと。「衣《きぬ》」は衣服《いふく》で、「ころも」と読《よ》まないように注《ちゅう》意《い》。

は

早《はや》起《お》きは三《さん》文《もん》の徳《とく》

早《はや》起《お》きをすると、健《けん》康《こう》によく、ほかにも何《なに》かといいことがある。

▽「三《さん》文《もん》」は、わずかなお金《かね》。

つかってみよう

●「朝《あさ》早《はや》く起《お》きると、気《き》持《も》ちがいいね」

●「そう、空《くう》気《き》はいいし…」

●「動《うご》くと、朝《あさ》ご飯《はん》がおいしいし…」

●「そうよ」

●「頭《あたま》もすっきりして、学《がっ》校《こう》の勉《べん》強《きょう》にも熱《ねつ》が入《はい》るし…」

●「**早《はや》起《お》きは三《さん》文《もん》の徳《とく》**よ」

●「ぼくにとってはいいことだらけだ」

さんこう

「三《さん》文《もん》の徳《とく》」は、わずかではあるがいいことがあるという意《い》味《み》。ここの「徳《とく》」は、「得《とく》」と同《おな》じ。

英《えい》語《ご》のことわざ	The early bird catches the worm. 早《はや》起《お》きの鳥《とり》は虫《むし》をとらえる。

は

腹《はら》の虫《むし》が治《おさ》まらない

腹《はら》の中《なか》にいる虫《むし》ががまんできなくなっているということから、**腹《はら》が立《た》って、がまんができないようす。**

つかってみよう

- 「携帯電話《けいたいでんわ》をかけながら自転車《じてんしゃ》に乗《の》っていた若者《わかもの》が、ぶつかってきたんだ」
- 「まあ、たいへん！」
- 「その若者《わかもの》、何《なん》て言《い》ったと思《おも》う？」
- 「『ごめんなさい』でしょう」
- 「『どこ見《み》て、歩《ある》いているんだ！』って」
- 「ひどいね」
- 「ひどいだろう。もう、一日中《いちにちじゅう》、**腹《はら》の虫《むし》が治《おさ》まらなかったよ**」

さんこう

昔《むかし》は、人間《にんげん》のからだに虫《むし》がすんでいて、その人《ひと》の感情《かんじょう》や行動《こうどう》は、その虫《むし》のしわざによるものと考《かんが》えられていた。

・「**虫《むし》の知《し》らせ**」（273ページ）
・「**虫《むし》の居所《いどころ》が悪《わる》い**（＝いつもとちがって、きげんが悪《わる》い）」
・「**虫《むし》がいい**（＝自分《じぶん》に都合《つごう》のいいことばかり考《かんが》える）」
・「**虫《むし》が好《す》かない**（＝何《なん》となく好《す》きになれない）」

は

腹《はら》八《はち》分《ぶ》に医《い》者《しゃ》いらず

腹《はら》いっぱいに食《た》べないで、もう少《すこ》し食《た》べたいなというところでやめておいたほうが、健康《けんこう》でいられる。

▽「八分《はちぶ》」は、十分《じゅうぶん》の八《はち》。「医者《いしゃ》いらず」は、医者《いしゃ》にかからなくてすむこと。

つかってみよう

●「ごちそうさま」
●「あら、もういいの?」
●「だって、**腹八分に医者いらず**《はらはちぶいしゃ》だもの」
●「八分《はちぶ》どころか半分《はんぶん》も食《た》べてないわ。はは
あ、からだを細《ほそ》くしようと…」
●「ばれたか。じゃ、もう少《すこ》しだけ食《た》べるわ」

は

針《はり》のむしろ

針《はり》がしきつめてある痛《いた》いむしろに座《すわ》る。**苦《くる》しい、つらい立場《たちば》にあること**のたとえ。

つかってみよう

●「校長室《こうちょうしつ》によばれたんだって?」
●「そう、いたずらがばれて…」
●「校長先生《こうちょうせんせい》は、こわかった?」
●「とてもやさしかったけれど…」
●「じゃ、よかったね」
●「いやいや、ぼくにとっては**針《はり》のむしろ**だったよ。もう、こりごりだ」

さんこう

中国《ちゅうごく》の書物《しょもつ》にあることば。

ひ

必要《ひつよう》は発明《はつめい》の母《はは》

発明《はつめい》は、こんなものがあったらいいのに、便利《べんり》なのにと、必要《ひつよう》にせまられて生《う》み出《だ》される。

つかってみよう

●「電話《でんわ》も便利《べんり》だし…」

●「テレビも便利《べんり》だし…」

●「洗《せん》たく機《き》も便利《べんり》だし…」

●「みんな、必要《ひつよう》にせまられて、考《かんが》えられたんだね」

●「**必要《ひつよう》は発明《はつめい》の母《はは》**だね」

●「だけど、遊《あそ》びが専門《せんもん》のゲーム機《き》は？」

●「やっぱり、子《こ》どもにとって、遊《あそ》びも必要《ひつよう》なんだろうね」

●「子《こ》どもだけじゃないな。うちのお父《とう》さん、夢中《むちゅう》になっているよ」

英語《えいご》のことわざ	Necessity is the mother of invention. 必要《ひつよう》は発明《はつめい》の母《はは》。

ひ

人《ひと》のうわさも七《しち》十《じゅう》五《ご》日《にち》

うわさ話《ばなし》は、七十五日《しちじゅうごにち》くらいで消《き》えてしまう。**うわさは長《なが》く続《つづ》くものではなく、しばらくすれば消《き》えるものだ**というたとえ。

つかってみよう

- 「ぼくは、服装《ふくそう》のことで、先生《せんせい》にちょっと注意《ちゅうい》されただけなのに…」
- 「そうだった。ほんの少《すこ》しね」
- 「けれど、こっぴどくしかられたって、みんな言《い》っている」
- 「こまったうわさだね」
- 「ほんとうに、いやになっちゃうよ」
- 「なあに、**人《ひと》のうわさも七十五日《しちじゅうごにち》**で、みんなすぐ忘《わす》れちゃうよ」
- 「それならいいんだけれどなあ」

英語《えいご》のことわざ　A wonder lasts but nine days.
驚《おどろ》きも九日間《ここのかかん》しか続《つづ》かない。

ひ

人《ひと》の口《くち》には戸《と》が立《た》てられぬ

よその人《ひと》の口《くち》に、戸《と》を立《た》てて、閉《し》めるわけにはいかない。**世間《せけん》のうわさ話《ばなし》はすぐに広《ひろ》まるもので、止《と》めることはできない**というたとえ。

つかってみよう

●「お子《こ》さん、塾《じゅく》に入《い》れるんですって？」

●「えっ、だれがそんなことを…」

●「みんな言《い》っているわ」

●「そして、将来《しょうらい》は、あの有名大学《ゆうめいだいがく》に入《い》れるんですって？」

●「えっ、だれがそんなことを…」

●「みんな言《い》っているわ」

●「あーあ、**人《ひと》の口《くち》には戸《と》が立《た》てられぬ**だわ。無責任《むせきにん》なうわさに、もううんざり」

ひ

人《ひと》の振《ふ》り見《み》て我《わ》が振《ふ》り直《なお》せ

他人《たにん》の行《おこな》いを見《み》て、自分《じぶん》の行《おこな》いで反省《はんせい》するところがあったら、直《なお》すようにしなさいという教《おし》え。

▽「振《ふ》り」は、行動《こうどう》。

つかってみよう

- 「あの人《ひと》のことばづかい、きたないね。それに、服装《ふくそう》もだらしない」
- 「たしかにそうだけれど、君《きみ》のことばづかいは、どうだろう」
- 「うーん、よくないね。反省《はんせい》しよう」
- 「服装《ふくそう》は？」
- 「うーん、やっぱりよくない。**人《ひと》の振《ふ》り見《み》て我《わ》が振《ふ》り直《なお》せ**というけれど、ぼくは直《なお》すところだらけだ」

英語《えいご》のことわざ	Learn wisdom by the follies of others. 他人《たにん》のおろかさを自分《じぶん》の知恵《ちえ》として学《まな》べ。

火《ひ》に油《あぶら》を注《そそ》ぐ

燃《も》えている火《ひ》に油《あぶら》を注《そそ》ぐと、いっそう激《はげ》しく燃《も》える。**勢《いきお》いのさかんなものを、さらに勢《いきお》いづかせること**のたとえ。

つかってみよう

- 「あのチーム、勝《か》ち進《すす》んでいるね。このままだとうちとあたるよ」
- 「なあに、まぐれだよ」
- 「そうかな、たいした勢《いきお》いだよ」
- 「いっぺんにひねりつぶしてやるって伝《つた》えておきなよ」
- 「とんでもない。そんなことを言《い》ったら、**火《ひ》に油《あぶら》を注《そそ》ぐ**ことになって、ますます勢《いきお》いづくよ。そっとしておこう」

ひ

火《ひ》の無《な》い所《ところ》に煙《けむり》は立《た》たぬ

煙《けむり》が出《で》ているのは、火《ひ》が燃《も》えているしょうこだ。**うわさが広《ひろ》がったり、疑《うたが》われたりするのは、何《なに》かしらそれなりの原因《げんいん》や事実《じじつ》があるからだ**というたとえ。

つかってみよう

- 「あなたは、このごろけんかばかりしているそうね」
- 「そんなことない。いつもおとなしくしているつもりだよ」
- 「クラスのお母《かあ》さんがたが、みんな心配《しんぱい》しているよ」
- 「そうなの」
- 「**火《ひ》の無《な》い所《ところ》に煙《けむり》は立《た》たぬ**でしょう。わたしも心配《しんぱい》しているの」
- 「そうか。わかった、これから気《き》をつけるよ」

英語《えいご》のことわざ	There is no smoke without fire. 火《ひ》の無《な》い所《ところ》に煙《けむり》は立《た》たない。

ひ

百《ひゃく》聞《ぶん》は一《いっ》見《けん》に如《し》かず

百《ひゃっ》回《かい》聞《き》くより、一《いっ》回《かい》見《み》たほうが確《たし》かだ。**実際《じっさい》に自分《じぶん》の目《め》で見《み》ると、よくわかる**という教《おし》え。

▽「如《し》かず」は、およばないという意味《いみ》。

つかってみよう

● 「町《まち》のはずれの森《もり》に、最近《さいきん》、幽霊《ゆうれい》が出《で》るんだって」

● 「まさか」

● 「ぼくも聞《き》いたよ。町中《まちじゅう》、このうわさで持《も》ちきりなんだ」

● 「ようし、ぼくたちで確《たし》かめにいこう」

● 「賛成《さんせい》！**百聞《ひゃくぶん》は一見《いっけん》に如《し》かず**だ」

● 「だけど…」

● 「だけど、どうしたの？」

● 「ぼく、ほんとうは、見《み》にいくのがこわい…」

さんこう

戦《たたか》いを命《めい》じられた武将《ぶしょう》が、実際《じっさい》に現地《げんち》を見《み》て作戦《さくせん》を立《た》てたという、中国《ちゅうごく》の書物《しょもつ》にある話《はなし》から。

英語《えいご》のことわざ	Seeing is believing. 見《み》ることは信《しん》じることだ。

ひ

氷《ひょう》山《ざん》の一《いっ》角《かく》

海《うみ》の上《うえ》に見《み》える氷山《ひょうざん》は、全体《ぜんたい》の一部分《いちぶぶん》にすぎない。

物事《ものごと》の一部分《いちぶぶん》だけが現《あらわ》れていて、大部分《だいぶぶん》はかくれたままであるというたとえ。

つかってみよう

- 「食料品《しょくりょうひん》に、うその産地《さんち》を書《か》いて売《う》っている業者《ぎょうしゃ》が捕《つか》まっているね」
- 「産地偽装《さんちぎそう》だ。全国《ぜんこく》で、どのくらいあるのだろう」
- 「見《み》つかったのは、まだまだ**氷山《ひょうざん》の一角《いっかく》**なのかな。早《はや》く安心《あんしん》して食《た》べられる日《ひ》が来《く》ればいいね」

さんこう

氷山《ひょうざん》の海《うみ》に出《で》ている部分《ぶぶん》は、全体《ぜんたい》の約七分《やくしちぶん》の一《いち》で、あとのほとんどは海《うみ》の下《した》にある。

ふ

風《ふう》前《ぜん》の灯《とも》火《しび》

風《かぜ》が吹《ふ》いてくる所《ところ》に置《お》かれた、今《いま》にも消《き》えそうな灯火《ともしび》から、**危険《きけん》がせまっていること、また、命《いのち》が絶《た》えそうなようす**をたとえたことば。

つかってみよう

●「ピッチャーは肩《かた》をこわしたし…」

●「四番《よばん》バッターは急病《きゅうびょう》だし…」

●「ほんとうにこまった」

●「あしたの決勝戦《けっしょうせん》をひかえて…」

●「わがチームは**風前《ふうぜん》の灯火《ともしび》**だ」

●「うーん、こうなったら、みんなで一致団結《いっちだんけつ》だ。弱音《よわね》をはかないで、とにかくがんばろう」

ふ

覆《ふく》水《すい》盆《ぼん》に返《かえ》らず

一度《いちど》、盆《ぼん》から流《なが》した水《みず》は、もう二度《にど》と盆《ぼん》にもどることはない。**一度《いちど》してしまったことはもう取《と》り返《かえ》しがつかない**というたとえ。

▽「覆水《ふくすい》」は、こぼれた水《みず》。

つかってみよう

- 「先生《せんせい》、もう一度《いちど》弟子《でし》にしてください」
- 「どうしてだ」
- 「ほかへ行《い》ったけれど、やっぱり先生《せんせい》のほうがいいと思《おも》って、来《き》たんです」
- 「**覆水盆《ふくすいぼん》に返《かえ》らず**だ。断《ことわ》る」

さんこう

呂尚《りょしょう》が本《ほん》ばかり読《よ》んでいるので、妻《つま》は別《わか》れてしまった。呂尚《りょしょう》はやがて出世《しゅっせ》すると、別《わか》れた妻《つま》がやってきて、またもどりたいと言《い》った。呂尚《りょしょう》は盆《ぼん》の水《みず》をこぼして、「こぼれた水《みず》をもとにもどせたら、願《ねが》いをきいてやろう」と言《い》ったという。

（中国《ちゅうごく》の書物《しょもつ》にある話《はなし》から）

英語《えいご》のことわざ	It is no use crying over spilt milk. こぼれたミルクをなげいてもむだである。

ふ

袋《ふくろ》のねずみ

袋《ふくろ》の中《なか》に入《はい》っていて、外《そと》に出《で》られないねずみのこと。**追《お》いつめられて、どこにも逃《に》げ出《だ》すことができないようす**をたとえたことば。

つかってみよう

「犯人《はんにん》たちは、建物《たてもの》の中《なか》に逃《に》げこんだらしいね」

「警官隊《けいかんたい》が、周《まわ》りをがっちり囲《かこ》んでいる」

「もはや、犯人《はんにん》たちは**袋《ふくろ》のねずみ**だ」

「両手《りょうて》を挙《あ》げて出《で》てくるのも、時間《じかん》の問題《もんだい》だよ」

ふ

豚《ぶた》に真珠《しんじゅ》

豚《ぶた》に真珠《しんじゅ》をあたえてもその価値《かち》はわからない。**値打《ねう》ちのわからない人《ひと》に、価値《かち》のある物《もの》をあたえてもむだである**というたとえ。

つかってみよう

● 「おじいちゃんから、入学《にゅうがく》のお祝《いわ》いの本《ほん》が届《とど》いたよ」

● 「何《なん》の本《ほん》だろう。大《おお》きな包《つつ》みだな。まんが全《ぜん》集《しゅう》かな？」

● 「おや、大《おお》きな、りっぱな英語《えいご》の辞典《じてん》だわ」

● 「えっ、どうして？ ぼく、小学校《しょうがっこう》に入《はい》ったばかりなのに…、これじゃ、**豚《ぶた》に真珠《しんじゅ》**だよ」

さんこう

「新約聖書《しんやくせいしょ》」にあることば。

〈似《に》た意味《いみ》のことば〉「**猫《ねこ》に小判《こばん》**」（219ページ）

英語《えいご》のことわざ	Do not throw pearls to swine. 豚《ぶた》の前《まえ》に真珠《しんじゅ》を投《な》げるな。

ふ

故《ふる》きを温《たず》ねて新《あたら》しきを知《し》る

昔《むかし》のことを研究《けんきゅう》して、そこから新《あたら》しい知識《ちしき》や考《かんが》え方《かた》を見《み》つけ出《だ》していく。

▽「故《ふる》き」は、すでに学《まな》んだこと。「温《たず》ねて」は、復習《ふくしゅう》しての意味《いみ》。

つかってみよう

● 「先生《せんせい》、どうして終《お》わったことを勉強《べんきょう》するのですか。未来《みらい》のほうがだいじなのに…」

● 「いい質問《しつもん》だ。過去《かこ》のことを研究《けんきゅう》すれば、今《いま》、どうしてこうなっているのかがわかる」

● 「なるほど。現在《げんざい》のことがわかるのですね」

● 「そう、それによって、よい未来《みらい》への計画《けいかく》が立《た》てられる」

● 「なるほど。それで**故《ふる》きを温《たず》ねて新《あたら》しきを知《し》る**というのですね」

● 「そうだ。さあ、わかったところで、歴史《れきし》の勉強《べんきょう》を始《はじ》めるぞ」

さんこう

中国《ちゅうごく》の書物《しょもつ》「論語《ろんご》」にある孔子《こうし》のことば。短《みじか》く、四字熟語《よじじゅくご》で「**温故知新**《おんこちしん》」という。

へ

下《へ》手《た》な鉄《てっ》砲《ぽう》も数《かず》打《う》ちゃ当《あ》たる

下《へ》手《た》な鉄《てっ》砲《ぽう》打《う》ちも、たくさん打《う》っていれば、そのうち、一《ひと》つぐらいは当《あ》たる。**何事《なにごと》も、数多《かずおお》くやっていれば、まぐれでうまくいくこともあるものだ**というたとえ。

つかってみよう

●「真《ま》ん中《なか》にずばり、ストライクが一球入《いっきゅうはい》ったよ」
●「それはいいな」
●「大投手《だいとうしゅ》になれるかな?」
●「ところで、何球《なんきゅう》投《な》げたの?」
●「百五十球《ひゃくごじっきゅう》くらい…」
●「こりゃ、だめだ。**下《へ》手《た》な鉄《てっ》砲《ぽう》も数《かず》打《う》ちゃ当《あ》たるだ**」

英語《えいご》のことわざ	He that shoots oft, at last shall hit the mark. しばしば射《い》る者《もの》は、ついには的《まと》を射《い》る。

下手《へた》の横《よこ》好《ず》き

下手《へた》だけれど、好《す》きで熱心《ねっしん》なこと。

▽「横好《よこず》き」は、上手《じょうず》ではないのに、むやみに好《す》きなこと。

つかってみよう

- 「また、ゴルフですか?」
- 「はい、ちょっと回《まわ》ってきます」
- 「熱心《ねっしん》ですね。だいぶ、スコアが上《あ》がったでしょう」
- 「いやいや、**下手《へた》の横《よこ》好《ず》き**で、さっぱりです」
- 「けれど、健康《けんこう》にいいですね」

さんこう

縦《たて》に流《なが》れるものをさえぎるのは横《よこ》なので、「**横《よこ》車《ぐるま》を押《お》す**」（294ページ）などにも使《つか》われる。

〈反対《はんたい》の意味《いみ》のことば〉「**好《す》きこそ物《もの》の上手《じょうず》なれ**」（152ページ）

へ

蛇《へび》ににらまれた蛙《かえる》

蛇《へび》ににらまれて、動《うご》けなくなっている蛙《かえる》から、**こわいものの前《まえ》ですくんでしまって、何《なに》もできなくなっているようす**のたとえ。

つかってみよう

- 「いたずらをして、彼《かれ》が先生《せんせい》にしかられているよ」
- 「おやおや、いつもはライオンのような男《おとこ》が…」
- 「先生《せんせい》の前《まえ》では、**蛇《へび》ににらまれた蛙《かえる》**のようになっている」
- 「やっぱり、先生《せんせい》がこわいのだね」
- 「よく反省《はんせい》してくれればいいのだけれど…」

さんこう

蛙《かえる》は蛇《へび》に食《た》べられてしまうので、蛇《へび》を苦手《にがて》としている。

作《つく》ろう！「ことわざ」

コラム 6

そう言《い》えば「ことわざ」にははっきりとした作者名《さくしゃめい》がついてはいませんね。「犬《いぬ》も歩《ある》けば棒《ぼう》に当《あ》たる　○○作《さく》」とか「塵《ちり》も積《つ》もれば山《やま》となる　××作《さく》」なんて誰《だれ》も言《い》いませんし、聞《き》いたこともありません。ま、中《なか》には出典《しゅってん》が明《あき》らかなものもないことはないのですが、ほとんどのことわざにははっきりとした作者《さくしゃ》はいません。作者不明《さくしゃふめい》、不詳《ふしょう》ということです。

つまりことわざというものは、誰《だれ》かが偶然《ぐうぜん》に言《い》ってみたら他《ほか》の誰《だれ》かが「ああ、なるほど、あんた、うまいこと言《い》うね、それ今度《こんど》わたしも使《つか》ってみましょ」なんていう具合《ぐあい》になって、気《き》がついたらいつの間《ま》にかそれがめでたく「ことわざ」ということに納《おさ》まって今日《こんにち》に至《いた》る、というようなことだったのだろうと思《おも》います。誰《だれ》かが言《い》って、他《ほか》の誰《だれ》かが「それ、あんまりうまくないね、ちっともおもしろくないよ……」なんていうのもたくさんあったはずで、そういうものは自然《しぜん》に消《き》えていっちゃって、つまり「ことわざ」としては残《のこ》らなかったわけでしょうな。「犬《いぬ》も歩《ある》けばくたびれる」なんて言《い》っても「あたりまえだろ」で終《お》わってしまいますので「ことわざ」にはなれません。「溺《おぼ》れる者《もの》は苦《くる》しかろう」ではそのままですからダメですが、「溺《おぼ》れる者《もの》は藁《わら》をも掴《つか》む」となれば、「うん、そうだよなあ、溺《おぼ》れたら藁《わら》だって何《なん》だってとりあえず掴《つか》んじゃうよな、ピンチの時《とき》はつまらないものにもすがってしまうもんさ」と発展的《はってんてき》にとらえられて、輝《かがや》く「ことわざ」になれたわけです。

つまりですね、君《きみ》も何《なに》かちょっとうまいことを言《い》えたら「ことわざ作者《さくしゃ》」になれる可能性《かのうせい》があるということですよ。作者《さくしゃ》の名前《なまえ》はそのうち消《き》えてなくなる運命《うんめい》ですが、その「ことわざ」は永遠《えいえん》に残《のこ》って、折《おり》にふれて誰《だれ》かがちょっと使《つか》ってみたりしたらなんとなくいいじゃないですか。カッコいいじゃないですか。こんなうまい言《い》い方《かた》をした昔《むかし》の人《ひと》がいたんだね、たいしたもんだなあ、なんてなるわけで、その昔《むかし》の人《ひと》というのが君《きみ》なんですよ。かなりわくわくしますよね、そう思《おも》いませんか？

いやいや、作者《さくしゃ》の名前《なまえ》がそのうち消《き》えていってしまうのなんてつまらない、それじゃいくらいい「ことわざ」作《つく》ったって自慢《じまん》できないよ、だいいち、あの印税《いんぜい》なんてのが入《はい》ったり、使用料《しようりょう》なんかでもうかるようなやつじゃなけりゃ意味《いみ》ないじゃーん、なんて言《い》う人《ひと》がいたら、それもまた立派《りっぱ》、君《きみ》は「ことわざ作家《さっか》」ではなくただの「作家《さっか》」におなりなさい。

ほ

仏《ほとけ》の顔《かお》も三《さん》度《ど》

やさしい仏《ほとけ》さまも、三《さん》度《ど》も顔《かお》をなでられるとおこり出《だ》す。

いくらおとなしくてやさしい人《ひと》でも、相《あい》手《て》に何度《なんど》もひどいことをされると、最後《さいご》にはおこり出《だ》すというたとえ。

つかってみよう

- 「あっ、弟《おとうと》がおじいちゃんを、ふざけてたたいているよ」
- 「えっ！　おじいちゃん、どうしている？」
- 「にこにこ笑《わら》っている。あっ、またたたいた」
- 「おじいちゃんは？」
- 「今度《こんど》は、だまったまま。…あっ、またたたいた」
- 「こらっーー！」
- 「**仏《ほとけ》の顔《かお》も三《さん》度《ど》**だわ」

ほ

骨《ほね》折《お》り損《ぞん》のくたびれもうけ

苦労《くろう》をしたのに何《なに》も手《て》に入《はい》らず、くたびれただけだった。

▽「くたびれもうけ」は、手《て》に入《はい》ったのはくたびれたことだけという意味《いみ》。

つかってみよう

- 「町《まち》の図書館《としょかん》は遠《とお》い」
- 「たしかに遠《とお》いね」
- 「坂《さか》を上《のぼ》らなければならないし…」
- 「バスもない」
- 「それでも、昨日《きのう》、宿題《しゅくだい》を調《しら》べにいったんだ」
- 「熱心《ねっしん》だね」
- 「ところが、『臨時休館《りんじきゅうかん》』…」
- 「おやおや、**骨折《ほねお》り損《ぞん》のくたびれもうけ**だったね」

英語《えいご》のことわざ　Great pains but all in vain.
たいへんな骨折《ほねお》りをしても、すべてはむなしい。

ほ

本末転倒《ほんまつてんとう》

だいじなこと（本《もと》）と、だいじでないこと（末《すえ》）の順《じゅん》が、逆《ぎゃく》になる。

▽「転倒《てんとう》」は、ひっくり返《かえ》ること。

つかってみよう

●「学校《がっこう》はどう、楽《たの》しい？」
●「行《い》き帰《かえ》りが楽《たの》しい」
●「どういうこと？」
●「電車《でんしゃ》に乗《の》れる」
●「学校《がっこう》では？」
●「休《やす》み時間《じかん》が楽《たの》しい」
●「勉強《べんきょう》は？」
●「ねむたい」
●「おいおい、それでは**本末転倒**《ほんまつてんとう》だよ」

英語《えいご》のことわざ	put the cart before the horse 馬《うま》の前《まえ》に荷馬車《にばしゃ》を置《お》く

まかぬ種《たね》は生《は》えぬ

種《たね》をまかなければ、芽《め》は出《で》ない。**何《なに》もしなければ、よい結果《けっか》は得《え》られない**というたとえ。

つかってみよう

- 「勉強《べんきょう》しないで合格《ごうかく》する方法《ほうほう》、ないかな?」
- 「そんなこと、あるわけないでしょ。**まかぬ種《たね》は生《は》えぬ**よ」
- 「ぼく、今《いま》まで、一生懸命《いっしょうけんめい》にまいてきたつもりなんだけれど、さっぱり…」
- 「つもりだけで、さっぱりまいていなかったわ」
- 「あれあれ。お母《かあ》さん、何《なん》でも知《し》っているんだなあ」

英語《えいご》のことわざ	Harvest follows seed-time. 収穫《しゅうかく》は種《たね》まきのあとにやってくる。

ま

負《ま》けるが勝《か》ち

ま

争《あらそ》わないで、相手《あいて》に勝《か》ちをゆずっておいたほうが、かえってよい結果《けっか》になることがある。

つかってみよう

●「よっぱらいが、ボクシングのチャンピオンをなぐったんだって」

●「すごいよっぱらいだな。逆《ぎゃく》に、よっぱらいのほうがノックアウトされただろう」

●「いや、チャンピオンは逃《に》げたんだって」

●「逃《に》げた？」

●「そう、手《て》を出《だ》さなかったということで、『さすがチャンピオンはえらい』って新聞《しんぶん》にのり、人気《にんき》がますます上《あ》がったんだって」

●「なるほど、**負《ま》けるが勝《か》ち**ということか」

●「あとで、よっぱらいはびっくりしただろうね」

ま

待《ま》てば海《かい》路《ろ》の日和《ひより》あり

今《いま》は天候《てんこう》も風向《かざむ》きも悪《わる》いが、待《ま》っていれば、船旅《ふなたび》にふさわしい日《ひ》がやってくる。

たとえ物事《ものごと》がうまくいかなくてもあせらないでじっと待《ま》っていれば、そのうちによい機会《きかい》が訪《おとず》れるという教《おし》え。

▽「海路《かいろ》の日和《ひより》」は、船旅《ふなたび》に適《てき》したよい天気《てんき》。

つかってみよう

●「ぼくは勉強《べんきょう》を続《つづ》けているけれど、だれも認《みと》めてくれないので、やりがいがない」

●「なあに、そのうちには、何《なに》か大《おお》きな賞《しょう》をとるくらいになるかもしれない。**待《ま》てば海路《かいろ》の日和《ひより》あり**だ」

●「ノーベル賞《しょう》かな?」

●「うーん、それは、ちょっと大《おお》きすぎる」

さんこう

「**待《ま》てば甘露《かんろ》の日和《ひより》あり**」(=待《ま》っていれば、天《てん》が甘《あま》い露《つゆ》の降《ふ》るいい日《ひ》をあたえてくれる)からできたことば。

〈似《に》た意味《いみ》のことば〉「**果報《かほう》は寝《ね》て待《ま》て**」(**78**ページ)

英語《えいご》のことわざ　After a storm comes a calm.
あらしのあとには静《しず》けさがおとずれる。

ま

的《まと》を射《い》る

矢《や》を射《い》て、ねらった的《まと》にぴたりと当《あ》てる。**だいじなところを正《ただ》しくとらえる**たとえ。

つかってみよう

●「世界平和《せかいへいわ》のための大《おお》きな運動《うんどう》が起《お》きているけれど…」

●「うん、みんな仲良《なかよ》くだね」

●「そのためには、まず自分《じぶん》のまわりが平和《へいわ》でなければならない」

●「なるほど」

●「まず、家庭《かてい》の中《なか》の平和《へいわ》だ。これが、世界平《せかいへい》和《わ》のための大《おお》もとだ」

●「賛成《さんせい》！　君《きみ》はいいことを言《い》うね。まさに、**的《まと》を射《い》て**いる」

さんこう

似《に》たことばの「**当《とう》を得《え》る**」と混同《こんどう》して、「的《まと》を得る」と間違《まちが》えることがあるので注意《ちゅうい》。

まな板《いた》の鯉《こい》

料理《りょうり》されるためにまな板《いた》にのせられた鯉《こい》のようすから、**自分《じぶん》ではどうすることもできず、されるがままになるようす**のたとえ。

つかってみよう

- 「救急車《きゅうきゅうしゃ》に乗《の》せられちゃった」
- 「どこの病院《びょういん》へ運《はこ》ばれたの?」
- 「最初《さいしょ》は、どこだかわからなかった」
- 「手術《しゅじゅつ》、こわかった?」
- 「こわいも何《なに》も、感《かん》じているよゆうはなかった。とにかく、お医者《いしゃ》さんを信《しん》じて、ぼくは**まな板《いた》の鯉《こい》**だったよ」

さんこう

鯉《こい》は、まな板《いた》の上《うえ》では動《うご》かないので、「いさぎよい態度《たいど》」の意味《いみ》で使《つか》われることもある。

ま

み

ミイラ取《と》りがミイラになる

ミイラを取《と》りに行《い》って、自分《じぶん》が命《いのち》を失《うしな》ってミイラになる。**人《ひと》を連《つ》れ戻《もど》すために出《で》かけた人《ひと》が、自分《じぶん》も行《い》ったまま戻《もど》ってこない**たとえ。また、**相手《あいて》を説得《せっとく》しようとした者《もの》が、逆《ぎゃく》に説得《せっとく》されてしまう**たとえ。

つかってみよう

●「もう五時《ごじ》なのに、あの子《こ》、まだ帰《かえ》ってこないわ。お兄《にい》ちゃん、よんできて」

●「はあい」

●「お兄《にい》ちゃん、よびに行《い》ったきり、帰《かえ》ってこない。しょうがない、わたしが行《い》ってみよう」

●「おやおや、**ミイラ取《と》りがミイラになって**、いっしょに遊《あそ》んでいるわ。何時《なんじ》だと思《おも》っているのかしら」

さんこう

この「ミイラ」については、ミイラについている油《あぶら》、ミイラという油《あぶら》など、さまざまな説《せつ》があって、一定《いってい》しない。

水《みず》を得《え》た魚《うお》のよう

水《みず》の中《なか》で自由《じゆう》に生《い》き生《い》きと泳《およ》ぎ回《まわ》る魚《さかな》のように、**その人《ひと》にとってふさわしい場所《ばしょ》で、生《い》き生《い》きと活躍《かつやく》するようす**のたとえ。

つかってみよう

●「彼女《かのじょ》、北国育《きたぐにそだ》ちだろう」
●「そうだね」
●「だから、水泳《すいえい》は苦手《にがて》なんだって」
●「なるほど」
●「けれど、氷《こおり》が張《は》っているときが長《なが》いから、スケートは得意《とくい》なんだって」
●「そうか。そういえば、このあいだスケート場《じょう》へ行《い》ったら、彼女《かのじょ》、まるで**水《みず》を得《え》た魚《うお》のように**、すいすいとすべりまくっていたよ」

さんこう

〈反対《はんたい》の意味《いみ》のことば〉「**陸《おか》に上《あ》がった河童《かっぱ》**」

み

三《み》つ子《ご》の魂《たましい》百《ひゃく》まで

小《ちい》さいころの性質《せいしつ》は、年《とし》をとっても変《か》わることはないというたとえ。

▽「三《み》つ子《ご》」は、三才《さんさい》の子《こ》ということで、小《ちい》さい子《こ》どもの意味《いみ》。「魂《たましい》」は、心《こころ》・精神《せいしん》。

つかってみよう

- 「彼《かれ》は礼儀《れいぎ》正《ただ》しいね」
- 「朝《あさ》、出勤《しゅっきん》してきたときも、みんなにきちんと、『おはようございます』と言《い》うしね」
- 「幼稚園《ようちえん》に入《はい》る前《まえ》から、ちゃんとあいさつができていたそうだ」
- 「**三《み》つ子《ご》の魂《たましい》百《ひゃく》まで**か」
- 「うちの子《こ》も、きちんとしつけよう」

さんこう

〈似《に》た意味《いみ》のことば〉「**雀《すずめ》百《ひゃく》まで踊《おど》り忘《わす》れず**」（156ページ）

英語《えいご》のことわざ	The child is father of the man. 子《こ》どもは大人《おとな》の父《ちち》である。

む

虫《むし》の知《し》らせ

なぜだかわからないけれど、何《なに》かよくないことが起《お》こりそうな気《き》がするというたとえ。

つかってみよう

●「では、行《い》ってくるね」
●「待《ま》って。行《い》くのはあしたにして」
●「どうしたの？　とつぜん」
●「なんだか悪《わる》い予感《よかん》がして、急《きゅう》に心配《しんぱい》になってきたの。**虫《むし》の知《し》らせ**かしら」
●「急《いそ》ぎの用《よう》でもないし、お母《かあ》さんの予感《よかん》はいつも当《あ》たるから、あしたにするわ。事故《じこ》にあうのはいやだもの」

さんこう

本人《ほんにん》にはわからないけれど、からだの中《なか》にすむ虫《むし》が知《し》らせているという意味《いみ》。「**虫《むし》が知《し》らせる**」ともいう。このような「虫《むし》」については、「**腹《はら》の虫《むし》が治《おさ》まらない**」（240ページ）を参照《さんしょう》。

む

矛《む》盾《じゅん》

はじめに言《い》ったことと、後《あと》で言《い》ったことが食《く》いちがっていること。

▽「矛盾《むじゅん》」は、矛《ほこ》（＝やりの一種《いっしゅ》）と盾《たて》（＝矢《や》ややりを防《ふせ》ぐ武具《ぶぐ》）。

つかってみよう

●「わしが若《わか》いころは、平和《へいわ》をだいじにと教《おそ》わった」

●「いい教育《きょういく》だね」

●「しかし、その平和《へいわ》を求《もと》めるために戦争《せんそう》が必《ひつ》要《よう》…とも教《おそ》わった」

●「平和《へいわ》のための戦争《せんそう》？　**矛盾《むじゅん》**しているよ」

●「そうだ。しかし、今《いま》でも世界中《せかいじゅう》で、『平和《へいわ》のための戦争《せんそう》』を唱《とな》えている政治家《せいじか》が、たくさんいる」

●「こまったことだね。その考《かんが》えを直《なお》すために、みんなで話《はな》し合《あ》うことがたいせつだね」

さんこう

楚《そ》の国《くに》に、盾《たて》と矛《ほこ》を売《う》る商人《しょうにん》がいた。まず盾《たて》を取《と》って、「わたしが売《う》るこの盾《たて》はとてもかたく、どんな武器《ぶき》も突《つ》き通《とお》すことができない」と言《い》った。次《つぎ》に矛《ほこ》を取《と》り上《あ》げ、「わたしが売《う》るこの矛《ほこ》はとてもするどく、どんな物《もの》でも突《つ》き通《とお》すことができる」と言《い》った。

すると、ある人《ひと》が、「それなら、あなたの矛《ほこ》で、あなたの盾《たて》を突《つ》いたら、どうなるのか」とたずねたら、商人《しょうにん》はだまりこんでしまったという。

（中国《ちゅうごく》の書物《しょもつ》にある話《はなし》から）

む

無理《むり》が通《とお》れば道理《どうり》が引《ひ》っ込《こ》む

道理《どうり》にそむくようなことが堂々《どうどう》と行《おこな》われるようになると、道理《どうり》にかなうことが行《おこな》われなくなる。

▽「道理《どうり》」は、物事《ものごと》の正《ただ》しい筋道《すじみち》。「無理《むり》」は、道理《どうり》に反《はん》すること。

つかってみよう

● 「せっかく、みんなで話《はな》し合《あ》おうとしているのに…」

● 「軍事力《ぐんじりょく》の強《つよ》い国《くに》だけが、自分《じぶん》の言《い》い分《ぶん》をおし通《とお》そうとしている」

● 「これでは、正《ただ》しい意見《いけん》も通《とお》らなくなるね」

● 「**無理《むり》が通《とお》れば道理《どうり》が引《ひ》っ込《こ》む**じゃいけないよ」

● 「早《はや》く、いい世界《せかい》がこないかな」

め

目《め》からうろこが落《お》ちる

目《め》が不自由《ふじゆう》な人《ひと》の目《め》から、とつぜんうろこが落《お》ちて、目《め》が見《み》えるようになった。**あることがきっかけで、はっきりとわかるようになること**のたとえ。

つかってみよう

- 「中国《ちゅうごく》の人《ひと》は頭《あたま》がいいね。なにしろ、漢字《かんじ》を作《つく》ったのだから」
- 「日本人《にほんじん》も、まねをして、漢字《かんじ》を作《つく》ったよ」
- 「えっ！　日本《にほん》の漢字《かんじ》…そんなのあるの？」
- 「そう、国字《こくじ》というんだ。たとえば『畑《はたけ》』。火《ひ》をつけて水《みず》をなくした田《た》のこと」
- 「なるほど、おどろいたな。**目《め》からうろこが落《お》ちた**ようだ。日本人《にほんじん》も頭《あたま》がいいんだね」

さんこう

「新約聖書《しんやくせいしょ》」にあることば。

め

目《め》の上《うえ》のこぶ

め

目《め》の上《うえ》にあるこぶはわずらわしいことから、**いつも気《き》になる、じゃまに思《おも》える上《うえ》の位《くらい》の人《ひと》**のたとえ。

つかってみよう

● 「今度《こんど》、キャプテンになったんだね。どのようにチームを引《ひ》っ張《ぱ》っていくの？」

● 「何《なに》よりも、明《あか》るいチーム。そうすれば、選《せん》手一人一人《しゅひとりひとり》は、十分《じゅうぶん》に力《ちから》が発揮《はっき》できる」

● 「明《あか》るいチーム…だいじね」

● 「わたしも、**目《め》の上《うえ》のこぶ**と言《い》われないように、にこにこ顔《がお》を心《こころ》がけるつもりよ」

さんこう

「**目《め》の上《うえ》のたんこぶ**」ともいう。

目《め》は口《くち》ほどに物《もの》を言《い》う

ことばで言《い》わなくても、思《おも》っていることは目《め》に表《あらわ》れるというたとえ。

つかってみよう

- 「何《なに》か、ぼくに相談《そうだん》があるの？」
- 「えっ、どうしてわかる？」
- 「だって、さっきから目《め》が落《お》ちついていないもの」
- 「なるほど、**目《め》は口《くち》ほどに物《もの》を言《い》う**だな。実《じつ》は、理科《りか》の実験道具《じっけんどうぐ》を落《お》として、こわしちゃったんだ。どうしたらいいかと…」
- 「それは簡単《かんたん》。正直《しょうじき》に、先生《せんせい》のところへ謝《あやま》りに行《い》けばいいんだよ。ぼくもついていってあげる」

さんこう

〈似《に》た意味《いみ》のことば〉「**目《め》は心《こころ》の窓《まど》**」

英語《えいご》のことわざ　The heart's letter is read in the eyes.
心《こころ》の手紙《てがみ》は目《め》の中《なか》に読《よ》みとれる。

も

孟《もう》母《ぼ》三《さん》遷《せん》の教《おし》え

孟子《もうし》の母《はは》は、子《こ》どもの教育《きょういく》を考《かんが》えて、三《さん》度住居《どじゅうきょ》を変《か》えた。

子《こ》どもの教育《きょういく》には環境《かんきょう》が大切《たいせつ》であるという教《おし》え。

▽「孟母《もうぼ》」は、中国《ちゅうごく》を代表《だいひょう》する学者孟子《がくしゃもうし》の母《はは》。「三遷《さんせん》」は、住居《じゅうきょ》を三度移《さんどうつ》ること。

つかってみよう

- 「ぼくが生《う》まれてから、引《ひ》っこしばかりだ」
- 「そういえば、二年生《にねんせい》のとき、この学校《がっこう》に入《はい》って…」
- 「来年《らいねん》、またよそへ行《い》くんだって」
- 「ははあ、**孟母三遷《もうぼさんせん》の教《おし》え**か。君《きみ》のお母《かあ》さん、教育熱心《きょういくねっしん》だね」
- 「ちがうよ。ただ、お父《とう》さんの転勤《てんきん》のためだよ」

さんこう

孟子《もうし》が小《ちい》さいとき、家《いえ》は墓地《ぼち》の近《ちか》くにあった。そのため、孟子《もうし》は物《もの》を土《つち》にうめたり、葬式《そうしき》のまねをして泣《な》いたりして遊《あそ》んだ。

それを見《み》た孟子《もうし》の母《はは》は、「ここは子《こ》どもを住《す》まわせる場所《ばしょ》ではない」と考《かんが》え、市場《いちば》の近《ちか》くに引《ひ》っこした。

そこでは、孟子《もうし》はずるい商人《しょうにん》のまねをしたりして遊《あそ》んだ。母《はは》は、また、「ここは子《こ》どもを住《す》まわせる場所《ばしょ》ではない」と考《かんが》え、今度《こんど》は学校《がっこう》のそばに住居《じゅうきょ》を移《うつ》した。

そこでは、孟子《もうし》は礼儀作法《れいぎさほう》のまねごとをして遊《あそ》んだ。これを見《み》て、母《はは》は、「ここそ、ほんとうに子《こ》どもを住《す》まわせる、よい場所《ばしょ》だ」と言《い》って、そのまま住《す》むことにしたという。

（中国《ちゅうごく》の書物《しょもつ》にある話《はなし》から）

短《みじか》く「**孟母三遷《もうぼさんせん》**」ともいう。

も

餅《もち》は餅《もち》屋《や》

餅《もち》は、餅屋《もちや》についてもらったものがいちばんおいしい。

世《よ》の中《なか》のことは、それぞれの専門家《せんもんか》にまかせるのがよいというたとえ。

つかってみよう

●「この犬小屋《いぬごや》、だれが作《つく》ったの？」

●「おじいちゃんだよ」

●「えっ！　君《きみ》のおじいさんが？」

●「そう、おじいちゃん、大工《だいく》さんだもの」

●「なるほど、りっぱだ」

●「**餅《もち》は餅屋《もちや》**だね。犬《いぬ》もうれしがっているよ」

もっけの幸《さいわ》い

思《おも》いがけなくやってきた幸運《こううん》。

つかってみよう

- 「ただいま。ああ、おなかきついわ」
- 「あれっ、お母《かあ》さんどこへ行《い》ってきたの?」
- 「お友達《ともだち》とお買《か》い物《もの》。そして、帰《かえ》りに、お茶《ちゃ》でもと思《おも》ってレストランに入《はい》ったら…」
- 「そうしたら?」
- 「ちょうど『女性《じょせい》の日《ひ》・大《だい》サービス』だったの…」
- 「ははあ、わかった。**もっけの幸《さいわ》い**とばかりに…」
- 「そう、ぱくぱく食《た》べてきちゃったわ。もう晩《ばん》ご飯《はん》、いらないわ」

さんこう

「もっけ」は、思《おも》いがけないことの意味《いみ》で、もともとは不思議《ふしぎ》なこと、あやしいことを表《あらわ》していた。

も

元《もと》の木《もく》阿《あ》弥《み》

苦労《くろう》してりっぱになったのに、またもとにもどってしまい、せっかくの苦労《くろう》がむだになること。

つかってみよう

●「あれっ、お母《かあ》さん、また太《ふと》ってきたんじゃない?」
●「わかっちゃうかしら」
●「わかるよ。この間《あいだ》までスマートだったのに…」
●「そうねえ。太《ふと》りすぎなので、ダイエットして、一〇キロほどやせたのに…」
●「それから?」
●「やっぱり、あまい物《もの》がやめられなくて、ぱくぱく食《た》べたら…もとの体重《たいじゅう》にもどっちゃった」
●「**元《もと》の木阿弥《もくあみ》**ね。なんだか、みじめ」

さんこう

日本《にほん》の戦国時代《せんごくじだい》、大和郡山《やまとこおりやま》の城主《じょうしゅ》筒井順昭《つついじゅんしょう》が死《し》んだとき、跡《あと》を継《つ》ぐ順慶《じゅんけい》はまだ幼《おさな》かった。そこで、筒井家《つついけ》では順昭《じゅんしょう》の遺言《ゆいごん》どおりその死《し》をかくし、順昭《じゅんしょう》と声《こえ》の似《に》ている盲人《もうじん》の木阿弥《もくあみ》を暗《くら》い部屋《へや》に寝《ね》かせ、生《い》きているように見《み》せかけた。やがて、順慶《じゅんけい》が成長《せいちょう》すると、もう身代《みが》わりはいらなくなったので、木阿弥《もくあみ》はもとの低《ひく》い身分《みぶん》にもどされたという。

(注《ちゅう》)このことばの語源《ごげん》については、ほかにもいろいろな説《せつ》がある。

英語《えいご》のことわざ　He turns to his old bias again.
彼《かれ》はまた元《もと》の片寄《かたよ》った考《かんが》えにもどる。

も

門《もん》前《ぜん》の小《こ》僧《ぞう》習《なら》わぬ経《きょう》を読《よ》む

お寺《てら》の門《もん》の前《まえ》に住《す》む子《こ》どもは、毎日《まいにち》、お寺《てら》のお経《きょう》を聞《き》いているので、習《なら》っていなくても、自然《しぜん》にお経《きょう》をおぼえてしまう。**毎日《まいにち》のように見《み》たり聞《き》いたりしているものは、たとえ教《おそ》わらなくても、自然《しぜん》におぼえてしまうものだ**というたとえ。

つかってみよう

- 「あの子《こ》は、まだあまり読《よ》めないのに、字《じ》を書《か》くのが上手《じょうず》だね」
- 「なにしろ、おじいさんが書道《しょどう》の大家《たいか》らしい」
- 「そうか、毎日《まいにち》のように、おじいさんが書《か》いているのを見《み》ているんだね」
- 「**門前《もんぜん》の小僧習《こぞうなら》わぬ経《きょう》を読《よ》む**だ。なんだか、うらやましいな」

や

焼《や》け石《いし》に水《みず》

熱《あつ》く焼《や》けた石《いし》に、少《すこ》しぐらい水《みず》をかけても、冷《さ》めることはない。**少《すこ》しぐらい助《たす》けたり、努力《どりょく》したりしても、まるで効《き》き目《め》がないこと**のたとえ。

つかってみよう

- 「大変《たいへん》、お父《とう》さんの会社《かいしゃ》が倒産《とうさん》しそうだって」
- 「えっ、それはたいへん。お金《かね》が必要《ひつよう》だね」
- 「そう、…こまっているわ」
- 「ようし、ぼくの貯金《ちょきん》をお父《とう》さんにあげよう。けれど、…**焼《や》け石《いし》に水《みず》**かな」

や

安《やす》物《もの》買《が》いの銭《ぜに》失《うしな》い

値《ね》段《だん》の安《やす》い物《もの》には、質《しつ》が悪《わる》かったり、すぐこわれてしまう物《もの》が多《おお》いので、安物《やすもの》を買《か》うことはかえって損《そん》をすることになるという教《おし》え。

つかってみよう

● 「あら、買《か》ってきたばかりの下着《したぎ》、もう破《やぶ》れてしまったわ。安《やす》くて、得《とく》したと思《おも》っていたのに」

● 「そういえば、このいすの脚《あし》、もう折《お》れちゃったよ。安《やす》かったからかな」

● 「すぐ、買《か》いかえなければならないから、結《けっ》局《きょく》は**安物《やすもの》買《が》いの銭《ぜに》失《うしな》い**ね」

● 「今度《こんど》から、値段《ねだん》ばかり見《み》ないで、質《しつ》も見《み》るようにしよう」

英語《えいご》のことわざ	Cheapest is dearest. いちばん安《やす》い物《もの》はいちばん高《たか》い。

柳《やなぎ》の下《した》にいつもどじょうはいない

柳《やなぎ》の下《した》で、たまたまどじょうを捕《つか》まえたからといって、いつもそこにどじょうがいるとはかぎらない。

たまたま幸運《こううん》にめぐまれたからといって、いつも同《おな》じ方法《ほうほう》で、また幸運《こううん》にめぐりあえるとはかぎらないというたとえ。

つかってみよう

●「この間《あいだ》、あの店《みせ》で宝《たから》くじを買《か》ったら…」
●「当《あ》たったね」
●「だから、またあの店《みせ》で買《か》おう」

●「あれれれ、今度《こんど》は全部《ぜんぶ》外《はず》れだ」
●「残念《ざんねん》！　**柳《やなぎ》の下《した》にいつもどじょうはいない**ということか」

や

やぶから棒《ぼう》

やぶの中《なか》から、とつぜん棒《ぼう》をつき出《だ》す。**何《なん》の前《まえ》ぶれもなしに、考《かんが》えてもいなかったことが、とつぜんに起《お》こるようす**のたとえ。

つかってみよう

- 「お父《とう》さん、お母《かあ》さん。ぼく、このうちを出《で》ます」
- 「えっ！ **やぶから棒《ぼう》**に、何《なに》を言《い》い出《だ》すんだ」
- 「どうも、あまえてばかりいるので、一人《ひとり》で生活《せいかつ》して…」
- 「一人《ひとり》で？ だいじょうぶか」
- 「自分《じぶん》をきたえようと思《おも》います」
- 「うーん、それもいいかもしれんな。しかし、さびしくなるな」

や

やぶをつついて蛇《へび》を出《だ》す

や

棒《ぼう》でやぶをつついたら、蛇《へび》が出《で》てきてびっくりする。

よけいなことをして、かえって災《わざわ》いをまねくことのたとえ。

つかってみよう

● 「授業《じゅぎょう》の前《まえ》に、言《い》っておく。君《きみ》たちは、たるんでいる。中学生《ちゅうがくせい》のころは、もっと真剣《しんけん》に勉強《べんきょう》をしなければだめだ」

● 「先生《せんせい》も、中学生《ちゅうがくせい》のころ、真剣《しんけん》に勉強《べんきょう》していたんですね」

● 「わたし？（しまった…わたしは遊《あそ》んでばかりいた…これでは、**やぶをつついて蛇《へび》を出《だ》す**になってしまう）まあまあだな。時間《じかん》がないから、この話《はなし》はこのくらいにして、授業《じゅぎょう》に入《はい》ろう」

さんこう

「**やぶへび**」ともいう。

英語《えいご》のことわざ	It's not good to wake sleeping lion. ねむっているライオンを起《お》こすな。

や

病《やまい》は気《き》から

病気《びょうき》は気持《きも》ちの持《も》ちようで起《お》こり、気持《きも》ちの持《も》ちようで、よくも悪《わる》くもなる。

つかってみよう

● 「寒《さむ》いなあ。今日《きょう》は、学校《がっこう》を休《やす》もうかな」

● 「どうしたの？」

● 「ちょっと寒気《さむけ》がして…かぜを引《ひ》いたのかもしれないから…薬《くすり》でも飲《の》んで、ねてようかな」

● 「欠席《けっせき》するの？ もったいないわね。今日《きょう》の給食《きゅうしょく》は、あなたの好《す》きなカレーパンとメロンパンよ」

● 「あ、そうだった。**病《やまい》は気《き》から**だよ。かぜ、もう治《なお》っちゃったよ。行《い》ってきまーす」

英語《えいご》のことわざ	Fancy may kill or cure. 気《き》の持《も》ちようで人《ひと》は死《し》んだり治《なお》ったりする。

ゆ

油《ゆ》断《だん》大《たい》敵《てき》

どんなにこわい敵《てき》よりも、自分《じぶん》の心《こころ》のゆるみがいちばんおそろしい。**失敗《しっぱい》しないよう、油断《ゆだん》をしてはならない**といういましめ。

つかってみよう

- 「お休《やす》みなさい」
- 「おやおや、もうねるの？　あしたは、国語《こくご》の試験《しけん》でしょ」
- 「国語《こくご》は、ぼくの得意中《とくいちゅう》の得意《とくい》だから、またクラスで一番《いちばん》、まちがいなしだよ」
- 「それが危《あぶ》ない。**油断大敵《ゆだんたいてき》**よ」
- 「そうか。では、念《ねん》のため、あと三時間勉強《さんじかんべんきょう》しよう」

さんこう

「油断《ゆだん》」の語源《ごげん》については、中国《ちゅうごく》と日本《にほん》にいろいろな説《せつ》があって、はっきりしない。

英語《えいご》のことわざ	Security is the greatest enemy. 油断《ゆだん》は最大《さいだい》の敵《てき》である。

よ

横《よこ》車《ぐるま》を押《お》す

縦《たて》に動《うご》く車《くるま》を、横《よこ》から押《お》すということで、**道理《どうり》に合《あ》わないことを、無理《むり》に押《お》し通《とお》そうとする**たとえ。

つかってみよう

- 「せっかく、文集《ぶんしゅう》の題《だい》が決《き》まりかけたのに…」
- 「どうして、すぐ、あの人《ひと》は何《なん》だかんだと言《い》うんでしょうね」
- 「そう、まじめすぎる題《だい》だとか、読《よ》む気《き》になれないだとか…」
- 「**横車《よこぐるま》を押《お》す**のは、あの人《ひと》のくせみたい。もっと、すなおになればいいのにね」
- 「まあ、もう一度《いちど》話《はな》し合《あ》ってみよう」

ら

来年《らいねん》のことを言《い》えば鬼《おに》が笑《わら》う

来年《らいねん》のことを知《し》っているのは鬼《おに》だけだから、来年《らいねん》のことを言《い》うと、鬼《おに》が笑《わら》い出《だ》す。**将来《しょうらい》のことは、だれにも、まったく予想《よそう》ができない**というたとえ。

つかってみよう

● 「来年《らいねん》は、まず、二月《にがつ》の試験《しけん》に合格《ごうかく》して…」
● 「そうなれば、いいけど…」
● 「四月《しがつ》から、新《あたら》しい制服《せいふく》を着《き》て…」
● 「ほんとうに、そうなればね…」
● 「最高《さいこう》の年《とし》になるな」
● 「はっはっは、**来年《らいねん》のことを言《い》えば鬼《おに》が笑《わら》う**よ。そんなことより、今夜《こんや》もしっかり勉強《べんきょう》しておきなさい」
● 「お母《かあ》さんに笑《わら》われちゃった」

り

李《り》下《か》に冠《かんむり》を正《ただ》さず

人《ひと》から疑《うたが》われることはしてはいけない

といういましめ。

つかってみよう

●「自分《じぶん》の本《ほん》を手《て》に持《も》って、本屋《ほんや》さんに入《はい》る学《がく》生《せい》がいるね」
●「いる、いる」
●「大《おお》きなバッグの口《くち》をあけたまま、コンビニの中《なか》を歩《ある》いているおばさんもいるね」
●「いる、いる」
●「そういうの、やめたほうがいいな」
●「万引《まんび》きだと、疑《うたが》われるから?」
●「そう。疑《うたが》われるのもいやだけれど、疑《うたが》う店《てん》員《いん》さんだっていやだろう」
●「そうだね、**李下《りか》に冠《かんむり》を正《ただ》さず**だ」

さんこう

「**瓜田《かでん》に履《くつ》を納《い》れず**」と対応《たいおう》している。

瓜《うり》の畑《はたけ》では、たとえ自分《じぶん》のくつがぬげても、うつむいてはき直《なお》すようなことをしてはいけない。瓜《うり》を盗《ぬす》もうとしていると疑《うたが》われるから。

李《すもも》の木《き》の下《した》では、たとえ自分《じぶん》の冠《かんむり》が曲《ま》がっていたとしても、手《て》をのばして直《なお》すようなことをしてはいけない。李《すもも》の実《み》を盗《ぬす》もうとしていると疑《うたが》われるから。

（中国《ちゅうごく》の書物《しょもつ》にある話《はなし》から）

り

竜頭蛇尾《りゅうとうだび》

頭《あたま》は竜《りゅう》のようにりっぱで、尾《お》は蛇《へび》のように細《ほそ》いということ。**初《はじ》めは勢《いきお》いがさかんだが、終《お》わりのほうはふるわないようす**をたとえたことば。

つかってみよう

● 「せっかく、あのチームを応援《おうえん》していたのに…」
● 「春《はる》は連戦連勝《れんせんれんしょう》で、首位《しゅい》を独走《どくそう》していたね」
● 「夏《なつ》が過《す》ぎたら、連戦連敗《れんせんれんぱい》で…」
● 「とうとう、最下位《さいかい》」
● 「今《こん》シーズンは、**竜頭蛇尾《りゅうとうだび》**に終《お》わったな」

さんこう

中国《ちゅうごく》の書物《しょもつ》にあることば。

〈似《に》た意味《いみ》のことば〉「**頭《あたま》でっかち尻《しり》すぼみ**」

り

良《りょう》薬《やく》は口《くち》に苦《にが》し

よく効《き》く薬《くすり》は、苦《にが》くて飲《の》みにくい。**自分《じぶん》のためになる忠告《ちゅうこく》は、聞《き》くのがつらいものだ**というたとえ。

つかってみよう

- 「学校《がっこう》では、先生《せんせい》に『授業態度《じゅぎょうたいど》をしっかり』と言《い》われるし」
- 「そのとおりよ」
- 「家《いえ》に帰《かえ》れば、お母《かあ》さんに『もっと勉強《べんきょう》するように』と言《い》われるし…つらいなあ」
- 「みんな、あなたのためを思《おも》って言《い》っているのよ」
- 「そうか、**良薬《りょうやく》は口《くち》に苦《にが》し**だな。がんばるよ」

さんこう

中国《ちゅうごく》の書物《しょもつ》にあることばで、このあとに、「忠《ちゅう》告《こく》は聞《き》くのがつらい」という意味《いみ》の「**忠言耳《ちゅうげんみみ》に逆《さか》らう**」が続《つづ》く。

英語《えいご》のことわざ	Good medicine is bitter to the mouth. 良《りょう》薬《やく》は口《くち》に苦《にが》い。

る

類《るい》は友《とも》を呼《よ》ぶ

似《に》た種類《しゅるい》のものが集《あつ》まって友達《ともだち》になる。**気《き》の合《あ》った者同士《ものどうし》が、自然《しぜん》に集《あつ》まって仲《なか》間《ま》を作《つく》ること**のたとえ。

▽「類《るい》」は、種類《しゅるい》。

つかってみよう

- 「やさしい友達《ともだち》ばかりだね」
- 「わたしがやさしいから」
- 「勉強熱心《べんきょうねっしん》な友達《ともだち》ばかりだね」
- 「わたしが勉強熱心《べんきょうねっしん》だから」
- 「なるほど。**類《るい》は友《とも》を呼《よ》ぶ**だね」
- 「よい友達《ともだち》を作《つく》るには、まず自分《じぶん》がよくなることがだいじなの」
- 「自分《じぶん》がよくなる…なんだか、ぼく、はずかしくなってきたなあ」

さんこう

中国《ちゅうごく》の書物《しょもつ》にある「**類《るい》を以《もっ》てあつまる**」からできたことば。

英語《えいご》のことわざ	Birds of a feather flock together. 同《おな》じ羽《はね》の鳥《とり》は集《あつ》まる。

ろ

論語《ろんご》読《よ》みの論語《ろんご》知《し》らず

論語《ろんご》をすらすら読《よ》めても、論語《ろんご》の説《と》いている精神《せいしん》をわかっていない。**表面《ひょうめん》だけわかっているつもりでも、実際《じっさい》には身《み》についていないこと**のたとえ。

▽「論語《ろんご》」は、中国《ちゅうごく》の孔子《こうし》の教《おし》えを書《か》いた本《ほん》。

つかってみよう

●「君《きみ》は、ことわざをよく知《し》っているね」

●「うん、たくさんおぼえている。中《なか》には、いいことを言《い》っているのがあるね」

●「例《たと》えば?」

●「『初心忘《しょしんわす》るべからず』とか」

●「『しょしん』って、なあに?」

●「初心《しょしん》、初心《しょしん》…なんだっけ、忘《わす》れた」

●「**論語《ろんご》読《よ》みの論語《ろんご》知《し》らず**にならないようにね」

ろ

論《ろん》より証拠《しょうこ》

物事《ものごと》を明《あき》らかにするには、あれこれと議《ぎ》論《ろん》するよりも、証拠《しょうこ》を示《しめ》したほうが有効《ゆうこう》である。

つかってみよう

●「お母《かあ》さん、ぼく、合格《ごうかく》したよ！」

●「えっ、ほんとう？　夢《ゆめ》みたい。信《しん》じられないけど…」

●「ほんとうだよ。**論《ろん》より証拠《しょうこ》**、ぼくの番号《ばんごう》を写真《しゃしん》でとってきたから、見《み》てよ」

●「まあ、うれしいわ。早《はや》く見《み》せて」

英語《えいご》のことわざ	The proof of the pudding is in the eating. プリンの味《あじ》は食《た》べてみるとわかる。

我《わ》が田《た》に水《みず》を引《ひ》く

よその人《ひと》のたんぼのことを考《かんが》えないで、川《かわ》の水《みず》を自分《じぶん》のたんぼだけに引《ひ》き入《い》れる。**自分《じぶん》の都合《つごう》のいいことばかり考《かんが》えて、物《もの》事《ごと》をすすめていく**たとえ。

つかってみよう

- 「今度《こんど》、りっぱな橋《はし》がかかることになった」
- 「いいことだ。これで、この町《まち》は住《す》みやすくなる」
- 「ところで、どの辺《へん》に橋《はし》がかかるのかな?」
- 「神社《じんじゃ》のそばらしい」
- 「えっ! ちょっと待《ま》った。町長《ちょうちょう》さんの家《いえ》の前《まえ》だ。ひょっとして**我《わ》が田《た》に水《みず》を引《ひ》く**かな」
- 「まさか」

さんこう

四字熟語《よじじゅくご》で「**我田引水《がでんいんすい》**」という。

英語《えいご》のことわざ

Every miller draws water to his own mill.
粉屋《こなや》はだれもが自分《じぶん》の水車《すいしゃ》に水《みず》を引《ひ》く。

わ

我《わ》が身《み》を抓《つね》って人《ひと》の痛《いた》さを知《し》れ

自分《じぶん》のからだをつねってみて、よその人《ひと》の痛《いた》さを知《し》りなさい。**よその人《ひと》のつらさを、自分《じぶん》のことと考《かんが》えて思《おも》いやりなさい**といういましめ。また、**自分《じぶん》がされていやなことは、よその人《ひと》にはしてはいけない**といういましめ。

つかってみよう

- 「いじめは大反対《だいはんたい》だ」
- 「そうだよ。自分《じぶん》がいじめられる立場《たちば》になってごらん」
- 「学校《がっこう》へ来《く》るのが、いやになっちゃうだろうな」
- 「かわいそうだよ。**我《わ》が身《み》を抓《つね》って人《ひと》の痛《いた》さを知《し》れ**だ」
- 「みんなで、この学校《がっこう》から、いじめをなくそう」

わ

渡《わた》りに船《ふね》

川《かわ》を渡《わた》ろうとしていたら、ちょうど船《ふね》が来《き》た。

何《なに》かをしようとしているとき、思《おも》いがけずに都合《つごう》のよいことが起《お》こることのたとえ。

つかってみよう

- 「プロの選手《せんしゅ》として活躍《かつやく》したいと思《おも》っていたけれど…」
- 「なる機会《きかい》がないの？」
- 「難《むずか》しいと思《おも》っていたら…」
- 「思《おも》っていたら？」
- 「去年優勝《きょねんゆうしょう》したあのチームから、来《こ》ないかと、とつぜんさそわれたんだ」
- 「まさに、**渡《わた》りに船《ふね》**だ。よかったね」

さんこう

仏教《ぶっきょう》のことば。

わ

渡《わた》る世間《せけん》に鬼《おに》は無《な》い

世《よ》の中《なか》には、人情《にんじょう》のない人《ひと》ばかりではなく、かならず、親切《しんせつ》で人情《にんじょう》にあつい人《ひと》がいるものだというたとえ。

▽「渡《わた》る」は、暮《く》らしていくの意味《いみ》。

つかってみよう

●「両親《りょうしん》からはなれて、遠《とお》い所《ところ》で働《はたら》くことになったの」

●「そう。がんばってね」

●「だけど、心配《しんぱい》だわ」

●「何《なに》が？」

●「新《あたら》しく働《はたら》くところやアパートの近所《きんじょ》の人《ひと》のことなど…。わたし、おつきあいが下手《へた》だし…」

●「だいじょうぶ。**渡《わた》る世間《せけん》に鬼《おに》は無《な》い**。みんな親切《しんせつ》にしてくれるわよ」

さんこう

〈反対《はんたい》の意味《いみ》のことば〉「**人《ひと》を見《み》たら泥棒《どろぼう》と思《おも》え**」

わ

笑《わら》う門《かど》には福《ふく》来《きた》る

いつも笑《わら》い声《ごえ》の絶《た》えない家《いえ》には、幸《しあわ》せがやってくる。

▽「門《かど》」は、家《いえ》のこと。「福《ふく》」は、福《ふく》の神《かみ》で、幸福《こうふく》の意味《いみ》。

つかってみよう

- 「わたしのお父《とう》さん、おもしろいのよ」
- 「お母《かあ》さんも、おもしろそう」
- 「そうなの。だから、いつもうちの中《なか》では、みんな笑《わら》いっぱなし」
- 「にぎやかで、いいわ」
- 「おかげで、けんかは起《お》きないし、みんな健《けん》康《こう》」
- 「**笑《わら》う門《かど》には福来《ふくきた》る**ね。うちでもそうなるように、まずわたしからにこにこしてみよう」

英《えい》語《ご》の ことわざ	Laugh and be fat. 笑《わら》って太《ふと》りなさい。

からだの部分《ぶぶん》を使《つか》った慣用句《かんようく》

目　め

【目《め》が高《たか》い】 物事《ものごと》を見分《みわ》ける力《ちから》がすぐれている。

【目《め》が回《まわ》る】 めまいがするほど、たいへんいそがしい。

【目《め》に余《あま》る】 あまりにひどいので、だまって見《み》ていることができない。

【目《め》の色《いろ》を変《か》える】 興奮《こうふん》したり夢中《むちゅう》になったりして、目《め》つきを変《か》える。

【目《め》も当《あ》てられない】 とてもひどいありさまで、見《み》ていられない。

【目《め》をかける】 特《とく》に見《み》こんで引《ひ》き立《た》てたり、世《せ》話《わ》をしたりする。

【目《め》を白黒《しろくろ》させる】 苦《くる》しくなったりおどろいたりして、目玉《めだま》をはげしく動《うご》かす。

【目《め》を見張《みは》る】 りっぱなものを見《み》て感心《かんしん》したり、おどろいたりする。

顔　かお

【顔《かお》が売《う》れる】 顔《かお》や名前《なまえ》が広《ひろ》く世間《せけん》に知《し》られるようになる。

【顔《かお》が広《ひろ》い】 つきあいが広《ひろ》く、多《おお》くの人《ひと》に知《し》られている。

【顔《かお》から火《ひ》が出《で》る】 とてもはずかしくて、顔《かお》が真《ま》っ赤《か》になる。

【顔《かお》に泥《どろ》を塗《ぬ》る】 名誉《めいよ》をひどく傷《きず》つける。恥《はじ》をかかせる。

鼻　はな

【鼻《はな》であしらう】 きちんとした応対《おうたい》をしないで、相手《あいて》をいいかげんにあつかう。

【鼻《はな》にかける】 じまんする。とくいになっていばる。

【鼻《はな》につく】 あきあきして、いやになる。

【鼻《はな》を明《あ》かす】 いい気《き》になっている人《ひと》をだしぬいて、あっと言《い》わせる。

【鼻《はな》を折《お》る】 得意《とくい》になっていばっている相手《あいて》をやりこめる。

耳　みみ

【耳《みみ》が痛《いた》い】 自分《じぶん》の欠点《けってん》や弱点《じゃくてん》を言《い》われて、聞《き》いているのがつらい。

【耳《みみ》にたこができる】 同《おな》じことを何回《なんかい》も聞《き》かされて、うんざりする。「たこ」は、たえずしげきを受《う》けて皮《ひ》ふが固《かた》くなったもの。

【耳《みみ》に挟《はさ》む】 ふと聞《き》く。聞《き》くつもりもないのに、たまたま聞く。

【耳《みみ》を貸《か》す】 人《ひと》の話《はなし》を聞《き》く。話《はなし》を聞《き》いて相談《そうだん》にのる。

【耳《みみ》を傾《かたむ》ける】 熱心《ねっしん》に聞《き》く。よく注意《ちゅうい》して聞《き》く。

口　くち

【口《くち》がうまい】 聞《き》く人《ひと》を喜《よろこ》ばせたり、相手《あいて》をその気《き》にさせたりするように話《はな》すのが上手《じょうず》だ。

【口《くち》が重《おも》い】 ことばかずが少《すく》ない。あまりしゃべらない。

【口《くち》が堅《かた》い】 言《い》ってはいけないことは簡単《かんたん》にはしゃべらない。

【口《くち》が軽《かる》い】 おしゃべりで、言《い》ってはいけないことまでも、ぺらぺらしゃべってしまう。

【口《くち》がすべる】 言《い》ってはいけないことをうっかりしゃべってしまう。

【口《くち》が減《へ》らない】 勝手《かって》なりくつや負《ま》けおしみを言《い》い続《つづ》ける。

【口車《くちぐるま》に乗《の》る】 うまい話《はなし》にだまされる。

【口《くち》をそろえる】 たくさんの人《ひと》が同《おな》じことを言《い》う。

【口《くち》を挟《はさ》む】 人《ひと》が話《はな》しているとちゅうに、横《よこ》から割《わ》りこんで話《はな》し出《だ》す。

【口《くち》を割《わ》る】 かくしていたことを話《はな》す。白状《はくじょう》する。

手 て

【手《て》が空《あ》く】 仕事《しごと》が片《かた》づいて、ひまになる。

【手《て》がこむ】 ①細《こま》かいところまで、念入《ねんい》りにやってある。②物事《ものごと》がこみ入《い》っている。

【手《て》に余《あま》る】 自分《じぶん》の力《ちから》ではうまくあつかえない。もてあます。

【手《て》に負《お》えない】 自分《じぶん》の力《ちから》ではどうにもできない。

【手《て》の裏《うら》を返《かえ》す（手《て》の平《ひら》を返《かえ》す）】 態度《たいど》やようすを急《きゅう》にがらりと変《か》える。

【手《て》も足《あし》も出《で》ない】 自分《じぶん》の力《ちから》ではどうすることもできない。

【手《て》をこまねく（手《て》をこまぬく）】（腕《うで》を組《く》むということから）何《なに》もできないでただじっと見《み》ている。

【手《て》を焼《や》く】 あつかいかたに困《こま》る。てこずる。

足 あし

【足《あし》が地《ち》に着《つ》かない】 ①落《お》ち着《つ》きをなくして、そわそわする。②行動《こうどう》や考《かんが》えがしっかりしていない。

【足《あし》が付《つ》く】 残《のこ》された物《もの》などから、にげていた人《ひと》のゆくえがわかる。

【足《あし》が出《で》る】 予定《よてい》よりお金《かね》がかかって、足《た》りなくなる。

【足《あし》が棒《ぼう》になる】 歩《ある》きすぎたり立《た》ち続《つづ》けたりして、つかれて足《あし》がかたくつっぱったようになる。

【足《あし》もとを見《み》る】 人《ひと》の弱《よわ》みにつけこむ。

【足《あし》を洗《あら》う】 今《いま》までのよくない行《おこな》いや仕事《しごと》をやめて、まじめになる。

【足《あし》を奪《うば》われる】 事故《じこ》などで電車《でんしゃ》やバスなどが止《と》まり、利用《りよう》できなくなる。

【足《あし》をのばす】 ある所《ところ》へ出《で》かけて、さらに遠《とお》くの別《べつ》の所《ところ》まで行《い》く。

【足《あし》を運《はこ》ぶ】 自分《じぶん》のほうから訪《たず》ねていく。わざわざ出《で》かける。

【足《あし》を引《ひ》っ張《ぱ》る】 ①仲間《なかま》の成功《せいこう》などをじゃまする。②チームや集団《しゅうだん》にとってじゃまになる行動《こうどう》をする。

頭 あたま

【頭《あたま》が痛《いた》い】 心配《しんぱい》なことがあってなやんでいる。

【頭《あたま》が下《さ》がる】 感心《かんしん》して、尊敬《そんけい》する気持《きも》ちになる。

【頭《あたま》を抱《かか》える】 どうしたらよいかわからなくなり、考《かんが》えこむ。

【頭《あたま》を絞《しぼ》る】 よい方法《ほうほう》はないかと、いっしょうけんめいに考《かんが》える。

【頭《あたま》をひねる】 あれこれと考《かんが》えをめぐらす。

【頭《あたま》を冷《ひ》やす】 興奮《こうふん》した気持《きも》ちを落《お》ち着《つ》かせる。

歯 は

【歯《は》が立《た》たない】 相手《あいて》が強《つよ》すぎたり問題《もんだい》が難《むずか》しすぎたりして、とてもかなわない。

【歯《は》の抜《ぬ》けたよう】 ところどころ空《あ》いていて、まばらなようす。

【歯《は》を食《く》いしばる】 苦《くる》しいことやくやしいことを、けんめいにがまんする。

首 くび

【首《くび》が回《まわ》らない】 お金《かね》が足《た》りなくなったり、借《しゃっ》金《きん》を返《かえ》せなくなったりで、やりくりがつかない。

【首《くび》をかしげる】 ほんとうかな、変《へん》だなと思《おも》う。

【首《くび》を切《き》る】 つとめをやめさせる。

【首《くび》をつっこむ】 自分《じぶん》から近《ちか》づいていって、深《ふか》くかかわる。

【首《くび》を長《なが》くする】 今《いま》か今《いま》かと待《ま》ちこがれる。

【首《くび》をひねる】 おかしいと思《おも》ったり、わからなかったりして、考《かんが》えこむ。

舌 した

【舌《した》が回《まわ》る】 すらすらと、つっかえないでしゃべる。

【舌鼓《したつづみ》を打《う》つ】 （舌《した》を鳴《な》らすということから）おいしい物《もの》を満足《まんぞく》しながら味《あじ》わう。

あご

【あごが外《はず》れる】 あまりにおかしくて大笑《おおわら》いする。

【あごで使《つか》う】 人《ひと》を見下《みくだ》したようないばった態《たい》度《ど》で命令《めいれい》して、仕事《しごと》をさせる。

【あごを出《だ》す】 つかれはてて、気力《きりょく》がなくなる。

まゆ

【まゆに唾《つば》を付《つ》ける】 だまされないように用心《ようじん》する。まゆに唾《つば》をつけると狐《きつね》や狸《たぬき》に化《ば》かされないという言《い》い伝《つた》えからできたことば。「まゆ唾《つば》」ともいう。

【まゆをひそめる】 （まゆの間《あいだ》にしわを寄《よ》せる意《い》味《み》から）心配《しんぱい》ごとやふゆかいなことがあったりして、顔《かお》をしかめる。

喉 のど

【喉《のど》が鳴《な》る】 おいしそうな食《た》べ物《もの》を見《み》て、食《た》べたくてたまらなくなる。

腹 はら

【腹《はら》が黒《くろ》い】 心《こころ》の中《なか》に悪《わる》い考《かんが》えを持《も》っている。

【腹《はら》が立《た》つ】 しゃくにさわる。おこる。

【腹《はら》を決《き》める】 決心《けっしん》する。かくごする。

【腹《はら》を割《わ》る】 ほんとうの心《こころ》をかくさずに打《う》ち明《あ》ける。

肩 かた

【肩《かた》で風《かぜ》を切《き》る】 肩《かた》をそびやかして、得意《とくい》そうに歩《ある》く。

【肩《かた》の荷《に》がおりる】 心《こころ》をなやませていたことや重《おも》い責任《せきにん》がなくなって、ほっとする。

【肩身《かたみ》が狭《せま》い】 世間《せけん》に対《たい》してはずかしく思《おも》う。

【肩《かた》を落《お》とす】 がっかりして、肩《かた》の力《ちから》がぬける。

【肩《かた》を並《なら》べる】 同《おな》じくらいの力《ちから》を持《も》つ。

【肩《かた》を持《も》つ】 味方《みかた》をする。ひいきをする。

胸 むね

【胸《むね》が痛《いた》む】 悲《かな》しさや心配《しんぱい》で、つらい思《おも》いをする。

【胸《むね》が躍《おど》る】 喜《よろこ》びや楽《たの》しみなどで、わくわくする。

【胸《むね》が騒《さわ》ぐ】 なんとなく悪《わる》いことが起《お》きるような、不安《ふあん》な気持《きも》ちになる。

【胸《むね》がすく】 胸《むね》につかえていたものがなくなって、気分《きぶん》がすっきりする。

【胸《むね》を打《う》つ】 心《こころ》に強《つよ》く感《かん》じる。深《ふか》く感動《かんどう》する。

【胸《むね》を借《か》りる】（相撲《すもう》で上《うえ》の位《くらい》の力士《りきし》にけいこをしてもらうことから）力《ちから》が上《うえ》の人《ひと》やチームに相手《あいて》になってもらう。

【胸《むね》をなでおろす】（胸《むね》に手《て》をあててなでおろす動作《どうさ》から）心配《しんぱい》や不安《ふあん》がなくなってほっとする。

腕 うで

【腕《うで》が上《あ》がる】 技術《ぎじゅつ》や能力《のうりょく》が上《あ》がる。うまくなる。

【腕《うで》が鳴《な》る】 自分《じぶん》の技術《ぎじゅつ》や能力《のうりょく》を発揮《はっき》したくてむずむずする。

【腕《うで》に覚《おぼ》えがある】 自分《じぶん》の技術《ぎじゅつ》や能力《のうりょく》に自信《じしん》がある。「覚《おぼ》え」は自信《じしん》の意味《いみ》。

【腕《うで》によりをかける】 身《み》につけた技術《ぎじゅつ》や能力《のうりょく》をせいいっぱい表《あらわ》そうとはりきる。「よりをかける」は、細長《ほそなが》い物《もの》をねじってからみ合《あ》わせること。

【腕《うで》をふるう】 持《も》っている技術《ぎじゅつ》や能力《のうりょく》を十分《じゅうぶん》に発揮《はっき》する。

【腕《うで》をみがく】 技術《ぎじゅつ》や能力《のうりょく》を向上《こうじょう》させようと、いっしょうけんめいに努力《どりょく》する。

尻 しり

【尻《しり》に火《ひ》がつく】 物事《ものごと》が間近《まぢか》にせまってきて、落《お》ち着《つ》いてはいられない状態《じょうたい》になる。

息 いき

【息《いき》が合《あ》う】 たがいに気持《きも》ちや調子《ちょうし》がうまく合《あ》う。

【息《いき》を殺《ころ》す】 息《いき》を止《と》めて、じっと静《しず》かにしている。

【息《いき》をのむ】 はっとおどろいて息《いき》を止《と》める。

動物《どうぶつ》を使《つか》った慣用句《かんようく》

虫 むし

【虫《むし》の息《いき》】（小《ちい》さな虫《むし》がつくような息《いき》ということで）今《いま》にも死《し》んでしまいそうな弱々《よわよわ》しい呼吸《こきゅう》。

【虫《むし》も殺《ころ》さない】 虫《むし》さえ殺《ころ》せないほどの、やさしくておとなしいようす。

猫 ねこ

【借《か》りてきた猫《ねこ》】 いつもとちがって、おとなしく遠慮《えんりょ》しているようす。

【猫《ねこ》の手《て》も借《か》りたい】いそがしくて、だれでもいいから一人《ひとり》でも人手《ひとで》がほしい。

【猫《ねこ》の額《ひたい》】（猫《ねこ》の額《ひたい》がせまいことから）土地《とち》などがとてもせまいようす。

【猫《ねこ》もしゃくしも】だれもかれも、みんな。

しっぽ

【しっぽを出《だ》す】（化《ば》けた狐《きつね》や狸《たぬき》がしっぽを出《だ》して正体《しょうたい》を見破《みやぶ》られるということで）かくしていたことや悪《わる》いことがばれる。

【しっぽをつかむ】（化《ば》けていた狐《きつね》や狸《たぬき》のしっぽをつかむということで）かくしていたことや悪《わる》いことの証拠《しょうこ》をつかむ。

虎 とら

【虎《とら》の子《こ》】（虎《とら》は子《こ》どもをとても大切《たいせつ》にするといわれることから）だいじにとってあるお金《かね》や品物《しなもの》。

【張《は》り子《こ》の虎《とら》】見《み》かけは強《つよ》そうだが、実際《じっさい》は弱《よわ》い人《ひと》。

狐 きつね

【狐《きつね》につままれる】狐《きつね》に化《ば》かされたように、何《なに》がなんだかわからなくなる。「つままれる」は、化《ば》かされること。

【狐《きつね》の嫁入《よめい》り】日《ひ》が照《て》っているのに、ぱらぱらと雨《あめ》が降《ふ》ること。夜《よる》、野原《のはら》に点々《てんてん》と光《ひか》る炎《ほのお》（狐《きつね》火《び》）を指《さ》して言《い》うこともある。

馬 うま

【馬《うま》の骨《ほね》】どこのだれだか、家《いえ》がらや育《そだ》ちのわからない人《ひと》。けいべつして使《つか》う。

【尻馬《しりうま》に乗《の》る】（人《ひと》の乗《の》っている馬《うま》の尻《しり》に乗《の》るということから）自分《じぶん》の考《かんが》えを持《も》たないで、ただ人《ひと》の後《あと》についていくこと。

犬 いぬ

【犬《いぬ》と猿《さる》】犬《いぬ》と猿《さる》のように、仲《なか》が悪《わる》いこと。「犬猿《けんえん》の仲《なか》」ともいう。

【犬《いぬ》も食《く》わない】（何《なん》でも食《た》べる犬《いぬ》でさえ食《た》べないという意味《いみ》から）だれからも相手《あいて》にされないつまらない物《もの》やようす。

牛 うし

【牛《うし》の歩《あゆ》み】（牛《うし》の歩《あゆ》みがおそいことから）進《すす》みのおそいようす。

うなぎ

【うなぎの寝床《ねどこ》】（うなぎの寝床《ねどこ》のようだということで）せまくて細長《ほそなが》い家《いえ》や部屋《へや》。

【うなぎのぼり】うなぎが身《み》をくねらせながらぐんぐんのぼっていくように、物事《ものごと》が激《はげ》しい勢《いきお》いでのぼっていくようす。

狸 たぬき

【狸寝入《たぬきねい》り】（狸《たぬき》が人《ひと》をだまして寝《ね》たふりをするという言《い》い伝《つた》えから）眠《ねむ》っているふりをすること。

蛇 へび

【蛇《へび》の生殺《なまごろ》し】 物事《ものごと》に決着《けっちゃく》をつけず、痛《いた》い目《め》にあわせたまま中途半端《ちゅうとはんぱ》にほうっておくこと。

蜘蛛 くも

【蜘蛛《くも》の子《こ》を散《ち》らす】 大勢《おおぜい》のものが、いっせいに散《ち》り散《ぢ》りに逃《に》げていく。

蚊 か

【蚊《か》の鳴《な》くような声《こえ》】 聞《き》きとれないほどの、小《ちい》さく弱々《よわよわ》しい声《こえ》。

植物《しょくぶつ》を使《つか》った慣用句《かんようく》

花 はな

【高嶺《たかね》の花《はな》】（高嶺《たかね》にさく花《はな》は手《て》でつみ取《と》ることはできないことから）ほしいけれどただながめるだけで、手《て》に入《い》れることのできないもの。「高《たか》嶺《ね》」は、高《たか》い山《やま》のみね。

【花《はな》を持《も》たせる】 相手《あいて》の立場《たちば》を考《かんが》えて、手《て》がらや名誉《めいよ》を相手《あいて》にゆずる。

【両手《りょうて》に花《はな》】 同時《どうじ》に二《ふた》つのよいもの、美《うつく》しいものを手《て》に入《い》れること。特《とく》に、一人《ひとり》の男性《だんせい》が二人《ふたり》の女性《じょせい》をひとりじめにする場合《ばあい》などに使《つか》う。

根 ね

【根《ね》掘《ほ》り葉《は》掘《ほ》り】 いろいろと細《こま》かく、しつこく問《と》いただすようす。「葉《は》掘《ほ》り」は「根《ね》掘《ほ》り」にことばの調子《ちょうし》を合《あ》わせたもの。

【根《ね》を下《お》ろす】（木《き》や草《くさ》が根《ね》づくという意味《いみ》から）物事《ものごと》や考《かんが》えなどがしっかり受《う》け入《い》れられ、定着《ていちゃく》する。

瓜 うり

【瓜二《うりふた》つ】（縦《たて》に二《ふた》つに割《わ》った瓜《うり》がまったく同《おな》じ形《かたち》であることから）二人《ふたり》の顔《かお》かたちがたいへんよく似《に》ているようす。

竹 たけ

【竹《たけ》を割《わ》ったよう】（竹《たけ》が縦《たて》にすぱっときれいに割《わ》れることから）性質《せいしつ》がまっすぐでさっぱりしているようす。

索《さく》引《いん》

▼太字《ふとじ》のことわざは、本文《ほんぶん》で見出《みだ》しになっているものです。
▼からだの部分《ぶぶん》・動物《どうぶつ》・植物《しょくぶつ》を使《つか》った慣用句《かんようく》は308～313ページに掲載《けいさい》。

あ

相《あい》づちを打《う》つ …… **6**
青菜《あおな》に塩《しお》 …… **7**
青《あお》は藍《あい》より出《い》でて藍《あい》よりも青《あお》し …… **8**
秋《あき》の日《ひ》はつるべ落《お》とし …… **9**
悪事千里《あくじせんり》を走《はし》る …… **10**
悪銭身《あくせんみ》につかず …… **11**
悪《あく》は延《の》べよ …… 163
揚《あ》げ足《あし》を取《と》る …… **12**
浅《あさ》い川《かわ》も深《ふか》く渡《わた》れ …… 26
頭《あたま》隠《かく》して尻隠《しりかく》さず …… **13**
頭《あたま》でっかち尻《しり》すぼみ …… 298
後足《あとあし》で砂《すな》をかける …… 70
後《あと》の祭《まつ》り …… **14**
後《あと》は野《の》となれ山《やま》となれ …… **15**
危《あぶ》ない橋《はし》を渡《わた》る …… 26
虻蜂捕《あぶはちと》らず …… **16**
油《あぶら》を売《う》る …… **17**
雨垂《あまだ》れ石《いし》を穿《うが》つ …… **18**
嵐《あらし》の前《まえ》の静《しず》けさ …… **19**
ありの穴《あな》から堤《つつみ》もくずれる …… **22**
案《あん》ずるより産《う》むが易《やす》し …… **23**

い

言《い》うは易《やす》く行《おこな》うは難《かた》し …… **24**
石《いし》に布団《ふとん》は着《き》せられぬ …… 111
石《いし》の上《うえ》にも三年《さんねん》 …… **25**
石橋《いしばし》を叩《たた》いて渡《わた》る …… **26**
医者《いしゃ》の不養生《ふようじょう》 …… **27**
以心伝心《いしんでんしん》 …… **28**
急《いそ》がば回《まわ》れ …… **29**
一期一会《いちごいちえ》 …… **30**
一事《いちじ》が万事《ばんじ》 …… **31**
一日千秋《いちじつせんしゅう》の思《おも》い …… **32**
一難《いちなん》去《さ》ってまた一難《いちなん》 …… 164
一日千秋《いちにちせんしゅう》 …… 32
一日《いちにち》の計《けい》は朝《あした》にあり、一年《いちねん》の計《けい》は元旦《がんたん》にあり …… 33
一年《いちねん》の計《けい》は元旦《がんたん》にあり …… **33**
一《いち》を聞《き》いて十《じゅう》を知《し》る …… **34**
一挙両得《いっきょりょうとく》 …… **35**
一炊《いっすい》の夢《ゆめ》 …… **36**
一寸先《いっすんさき》は闇《やみ》 …… **38**
一寸《いっすん》の光陰《こういん》軽《かろ》んずべからず …… 143
一寸《いっすん》の虫《むし》にも五分《ごぶ》の魂《たましい》 …… **39**
一石二鳥《いっせきにちょう》 …… **40**
一長一短《いっちょういったん》 …… **41**
犬《いぬ》と猿《さる》 …… 107
犬《いぬ》も歩《ある》けば棒《ぼう》に当《あ》たる …… **42**
井《い》の中《なか》の蛙《かわず》大海《たいかい》を知《し》らず …… **44**

う

魚心《うおごころ》あれば水心《みずごころ》 …… **45**
牛《うし》に引《ひ》かれて善光寺参《ぜんこうじまい》り …… **46**
嘘《うそ》から出《で》たまこと …… **48**
うどの大木《たいぼく》 …… **49**
鵜《う》のまねをする烏《からす》 …… **50**
鵜《う》のまねをする烏水《からすみず》におぼれる …… 50
鵜呑《うの》みにする …… **51**
鵜《う》の目鷹《めたか》の目《め》 …… **52**
馬《うま》が合《あ》う …… **53**

馬《うま》の耳《みみ》に念仏《ねんぶつ》 54
うわさをすれば影《かげ》が差《さ》す 55
雲泥《うんでい》の差《さ》 56

え

絵《え》に描《か》いた餅《もち》 57
えびたい 58
えびで鯛《たい》を釣《つ》る 58
縁《えん》の下《した》の力持《ちからも》ち 59

お

陸《おか》に上《あ》がった河童《かっぱ》 271
同《おな》じ穴《あな》のむじな 62
鬼《おに》に金棒《かなぼう》 63
鬼《おに》の居《い》ぬ間《ま》に洗濯《せんたく》 64
鬼《おに》の目《め》にも涙《なみだ》 65
帯《おび》に短《みじか》し襷《たすき》に長《なが》し 66
溺《おぼ》れる者《もの》は藁《わら》をも掴《つか》む 67
親《おや》の心子《こころこ》知《し》らず 68
終《お》わりよければすべてよし 69
温故知新《おんこちしん》 256
恩《おん》を仇《あだ》で返《かえ》す 70

か

飼《か》い犬《いぬ》に手《て》を噛《か》まれる 71
臥薪嘗胆《がしんしょうたん》 72
火中《かちゅう》の栗《くり》を拾《ひろ》う 74
勝《か》って兜《かぶと》の緒《お》を締《し》めよ 75
河童《かっぱ》に水練《すいれん》 138
河童《かっぱ》の川流《かわなが》れ 76
我田引水《がでんいんすい》 303
瓜田《かでん》に履《くつ》を納《い》れず 297
壁《かべ》に耳《みみ》あり障子《しょうじ》に目《め》あり 77
果報《かほう》は寝《ね》て待《ま》て 78
烏《からす》の行水《ぎょうずい》 79
画竜点睛《がりょうてんせい》 81
画竜点睛《がりょうてんせい》を欠《か》く 80
枯《か》れ木《き》も山《やま》の賑《にぎ》わい 82
可愛《かわい》い子《こ》には旅《たび》をさせよ 83
邯鄲《かんたん》の夢《ゆめ》 37
堪忍袋《かんにんぶくろ》の緒《お》が切《き》れる 84

き

聞《き》いて極楽《ごくらく》見《み》て地獄《じごく》 85
聞《き》くは一時《いっとき》の恥《はじ》聞《き》かぬは一生《いっしょう》の恥《はじ》 86
聞《き》くは一時《いっとき》の恥《はじ》聞《き》かぬは末代《まつだい》の恥《はじ》 86
雉《きじ》も鳴《な》かずばうたれまい 87
机上《きじょう》の空論《くうろん》 57
木《き》に竹《たけ》を接《つ》ぐ 88
九死《きゅうし》に一生《いっしょう》を得《え》る 89
窮《きゅう》すれば通《つう》ず 90
窮鼠《きゅうそ》猫《ねこ》を噛《か》む 91
漁夫《ぎょふ》の利《り》 92
木《き》を見《み》て森《もり》を見《み》ず 94

く

苦《く》あれば楽《らく》あり楽《らく》あれば苦《く》あり 95
くさい物《もの》にふたをする 96
腐《くさ》っても鯛《たい》 97
口《くち》じまんの仕事下手《しごとべた》 99
口《くち》は禍《わざわい》の門《かど》 98
口《くち》も八丁《はっちょう》手《て》も八丁《はっちょう》 99
苦《くる》しい時《とき》の神頼《かみだの》み 100
君子《くんし》危《あや》うきに近寄《ちかよ》らず 101
君子《くんし》は豹変《ひょうへん》す 102

け

鶏口牛後《けいこうぎゅうご》 103
鶏口《けいこう》と為《な》るも牛後《ぎゅうご》と為《な》るなかれ 103
蛍雪《けいせつ》の功《こう》 104
逆鱗《げきりん》に触《ふ》れる 106
犬猿《けんえん》の仲《なか》 107

さくいん

千里《せんり》の道《みち》も一歩《いっぽ》から …… **165**

そ

備《そな》え有《あ》れば患《うれ》い無《な》し …… **166**

た

対岸《たいがん》の火事《かじ》 …… **167**
大器晩成《たいきばんせい》 …… **168**
大同小異《だいどうしょうい》 …… **169**
大《だい》は小《しょう》を兼《か》ねる …… **170**
宝《たから》の持《も》ち腐《ぐさ》れ …… **171**
蛇足《だそく》 …… **172**
立《た》つ鳥跡《とりあと》を濁《にご》さず …… **174**
立《た》て板《いた》に水《みず》 …… **175**
棚《たな》から牡丹餅《ぼたもち》 …… **176**
たなぼた …… 176
旅《たび》は道連《みちづ》れ世《よ》は情《なさ》け …… **177**
玉《たま》にきず …… **178**
短気《たんき》は損気《そんき》 …… **179**

ち

忠言耳《ちゅうげんみみ》に逆《さか》らう …… 299
提灯《ちょうちん》に釣《つ》り鐘《がね》 …… **182**
朝令暮改《ちょうれいぼかい》 …… **183**
塵《ちり》も積《つ》もれば山《やま》となる …… **184**

つ

月《つき》とすっぽん …… **185**
釣《つ》り落《お》とした魚《さかな》は大《おお》きい …… 210
鶴《つる》の一声《ひとこえ》 …… **186**

て

出《で》る杭《くい》は打《う》たれる …… **187**
天災《てんさい》は忘《わす》れた頃《ころ》にやって来《く》る …… **188**
点滴石《てんてきいし》を穿《うが》つ …… 18
天網恢恢疎《てんもうかいかいそ》にして漏《も》らさず …… **189**

と

頭角《とうかく》を現《あらわ》す …… **190**
灯台下暗《とうだいもとくら》し …… **191**
豆腐《とうふ》にかすがい …… **192**
登竜門《とうりゅうもん》 …… **193**
当《とう》を得《え》る …… 268
遠《とお》い親戚《しんせき》より近《ちか》くの他人《たにん》 …… 194
十日《とおか》の菊《きく》、六日《むいか》の菖蒲《あやめ》 …… 14
遠《とお》くの親戚《しんせき》より近《ちか》くの他人《たにん》 …… **194**
時《とき》は金《かね》なり …… **195**
とどのつまり …… **196**
隣《となり》の花《はな》は赤《あか》い …… **198**
飛《と》ぶ鳥跡《とりあと》を濁《にご》さず …… 174
捕《と》らぬ狸《たぬき》の皮算用《かわざんよう》 …… **199**
虎《とら》の威《い》を藉《か》る狐《きつね》 …… **200**
取《と》り付《つ》く島《しま》もない …… **201**
どろなわ …… 202
泥棒《どろぼう》を捕《と》らえて縄《なわ》を綯《な》う …… 202
泥棒《どろぼう》を見《み》て縄《なわ》を綯《な》う …… **202**
団栗《どんぐり》の背比《せいくら》べ …… **203**
飛《と》んで火《ひ》に入《い》る夏《なつ》の虫《むし》 …… **204**

な

泣《な》き面《つら》に蜂《はち》 …… **205**
なくて七癖《ななくせ》 …… **206**
なくて七癖《ななくせ》あって四十八癖《しじゅうはちくせ》 …… 206
情《なさ》けは人《ひと》の為《ため》ならず …… **207**
七転《ななころ》び八起《やお》き …… **208**
なめくじに塩《しお》 …… 7

に

二階《にかい》から目薬《めぐすり》 …… **209**
逃《に》がした魚《さかな》は大《おお》きい …… **210**
似《に》たり寄《よ》ったり …… 117・169・203
日進月歩《にっしんげっぽ》 …… **211**
二度《にど》あることは三度《さんど》ある …… **212**
二兎《にと》を追《お》う者《もの》は一兎《いっと》をも得《え》ず …… **213**
人間万事塞翁《にんげんばんじさいおう》が馬《うま》 …… **214**

ぬ

糠《ぬか》に釘《くぎ》 …… **216**

盗人《ぬすびと》を捕《と》らえて縄《なわ》を綯《な》う 202
濡《ぬ》れ手《て》で粟《あわ》 **217**
濡《ぬ》れ手《て》で粟《あわ》のつかみ取《ど》り 217
濡《ぬ》れぬ先《さき》の傘《かさ》 119

ね

猫《ねこ》かぶり 220
猫《ねこ》にかつおぶし **218**
猫《ねこ》にかつおぶしの番《ばん》 218
猫《ねこ》に小判《こばん》 **219**
猫《ねこ》をかぶる **220**
根《ね》も葉《は》もない **221**
念《ねん》には念《ねん》を入《い》れる **222**

の

能《のう》ある鷹《たか》は爪《つめ》を隠《かく》す **223**
喉《のど》から手《て》が出《で》る **224**
喉元《のどもと》過《す》ぎれば熱《あつ》さを忘《わす》れる **225**
暖簾《のれん》に腕押《うでお》し **226**

は

背水《はいすい》の陣《じん》 **227**
白眉《はくび》 **228**
馬耳東風《ばじとうふう》 54
はしにも棒《ぼう》にもかからない **229**
破竹《はちく》の勢《いきお》い **232**
破天荒《はてんこう》 **233**
鳩《はと》が豆鉄砲《まめでっぽう》を食《く》ったよう **234**
鳩《はと》に豆鉄砲《まめでっぽう》 234
鼻《はな》が高《たか》い **235**
話《はな》し上手《じょうず》の聞《き》き下手《べた》 236
話《はな》し上手《じょうず》は聞《き》き上手《じょうず》 **236**
花《はな》より団子《だんご》 **237**
歯《は》に衣着《きぬき》せぬ **238**
早起《はやお》きは三文《さんもん》の徳《とく》 **239**
腹《はら》の虫《むし》が治《おさ》まらない **240**
腹八分《はらはちぶ》に医者《いしゃ》いらず **242**
針《はり》のむしろ **243**

ひ

必要《ひつよう》は発明《はつめい》の母《はは》 **244**
一《ひと》つ穴《あな》のむじな 62
人《ひと》のうわさも七十五日《しちじゅうごにち》 **245**
人《ひと》の口《くち》には戸《と》が立《た》てられぬ **246**
人《ひと》の振《ふ》り見《み》て我《わ》が振《ふ》り直《なお》せ **247**
人《ひと》を見《み》たら泥棒《どろぼう》と思《おも》え 306
火《ひ》に油《あぶら》を注《そそ》ぐ **248**
火《ひ》の無《な》い所《ところ》に煙《けむり》は立《た》たぬ **249**
百聞《ひゃくぶん》は一見《いっけん》に如《し》かず **250**
氷山《ひょうざん》の一角《いっかく》 **251**
ひょうたんから駒《こま》が出《で》る 48

ふ

風前《ふうぜん》の灯火《ともしび》 **252**
覆水盆《ふくすいぼん》に返《かえ》らず **253**
袋《ふくろ》のねずみ **254**
豚《ぶた》に真珠《しんじゅ》 **255**
故《ふる》きを温《たず》ねて新《あたら》しきを知《し》る **256**
踏《ふ》んだり蹴《け》ったり 205

へ

下手《へた》な鉄砲《てっぽう》も数《かず》打《う》ちゃ当《あ》たる **257**
下手《へた》の道具立《どうぐだ》て 114
下手《へた》の横好《よこず》き **258**
蛇《へび》ににらまれた蛙《かえる》 **259**

ほ

蛍《ほたる》の光《ひかり》窓《まど》の雪《ゆき》 105
仏《ほとけ》の顔《かお》も三度《さんど》 **262**
骨折《ほねお》り損《ぞん》のくたびれもうけ **263**
本末転倒《ほんまつてんとう》 **264**

ま

まかぬ種《たね》は生《は》えぬ **265**
負《ま》けるが勝《か》ち **266**
待《ま》てば海路《かいろ》の日和《ひより》あり **267**

さくいん

待《ま》てば甘露《かんろ》の日和《ひより》あり……267
的《まと》を射《い》る……**268**
まな板《いた》の鯉《こい》……**269**

み

ミイラ取《と》りがミイラになる……**270**
身《み》から出《で》た錆《さび》……129
水《みず》を得《え》た魚《うお》のよう……**271**
三《み》つ子《ご》の魂《たましい》百《ひゃく》まで……**272**

む

虫《むし》がいい……241
虫《むし》が知《し》らせる……273
虫《むし》が好《す》かない……241
虫《むし》の居所《いどころ》が悪《わる》い……241
虫《むし》の知《し》らせ……**273**
矛盾《むじゅん》……**274**
無理《むり》が通《とお》れば道理《どうり》が引《ひ》っ込《こ》む……**276**

め

目《め》からうろこが落《お》ちる……**277**
目《め》の上《うえ》のこぶ……**278**
目《め》の上《うえ》のたんこぶ……278
目《め》は口《くち》ほどに物《もの》を言《い》う……**279**
目《め》は心《こころ》の窓《まど》……279

も

孟母三遷《もうぼさんせん》……281
孟母三遷《もうぼさんせん》の教《おし》え……**280**
餅《もち》は餅屋《もちや》……**282**
もっけの幸《さいわ》い……**283**
元《もと》の木阿弥《もくあみ》……**284**
門前《もんぜん》の小僧《こぞう》習《なら》わぬ経《きょう》を読《よ》む……**286**

や

焼《や》け石《いし》に水《みず》……**287**
安物買《やすものが》いの銭失《ぜにうしな》い……**288**
柳《やなぎ》の下《した》にいつもどじょうはいない……**289**
やぶから棒《ぼう》……**290**
やぶへび……291
やぶをつついて蛇《へび》を出《だ》す……**291**
病《やまい》治《なお》りて医師《いし》忘《わす》る……225
病《やまい》は気《き》から……**292**
病《やまい》は口《くち》より入《い》り、禍《わざわい》は口《くち》より出《い》ず……98

ゆ

油断大敵《ゆだんたいてき》……**293**

よ

横車《よこぐるま》を押《お》す……**294**
寄《よ》らば大樹《たいじゅ》の陰《かげ》……103
弱《よわ》り目《め》に祟《たた》り目《め》……205

ら

来年《らいねん》のことを言《い》えば鬼《おに》が笑《わら》う……**295**
楽《らく》あれば苦《く》あり……95
楽《らく》は苦《く》の種《たね》苦《く》は楽《らく》の種《たね》……95

り

李下《りか》に冠《かんむり》を正《ただ》さず……**296**
竜頭蛇尾《りゅうとうだび》……**298**
良薬《りょうやく》は口《くち》に苦《にが》し……**299**

る

類《るい》は友《とも》を呼《よ》ぶ……**300**
類《るい》を以《もっ》てあつまる……300

ろ

盧生《ろせい》の夢《ゆめ》……37
論語読《ろんごよ》みの論語知《ろんごし》らず……**301**
論《ろん》より証拠《しょうこ》……**302**

わ

我《わ》が田《た》に水《みず》を引《ひ》く……**303**
我《わ》が身《み》を抓《つね》って人《ひと》の痛《いた》さを知《し》れ……**304**
渡《わた》りに船《ふね》……**305**
渡《わた》る世間《せけん》に鬼《おに》は無《な》い……**306**
笑《わら》う門《かど》には福来《ふくきた》る……**307**

〔デザイン〕ももはらるみこ
〔編集協力〕坂倉貴子／前川真一郎／長谷川靖子
〔編 集 部〕大霜真理子／石島大輔／吉田伊公子／佐藤正徳／門屋健一郎／藤倉尚子／内藤英晶

小学生のための
ことわざをおぼえる辞典

初版発行　2011年 11月 15日
重版発行　2022年

編　　者　川嶋　優
イラスト　五味太郎
発 行 者　生駒大壱
発 行 所　株式会社 旺文社
〒162-8680　東京都新宿区横寺町 55
編集協力　株式会社 ことば舎
印刷所　大日本印刷株式会社
製本所　大日本印刷株式会社
●ホームページ　https://www.obunsha.co.jp/

S1h134

ISBN978-4-01-077630-8　Printed in Japan

旺文社 お客様総合案内
●内容に関するお問い合わせは、弊社ホームページの「お問い合わせ」フォームにて承ります。
【WEB】旺文社 お問い合わせフォーム
https://www.obunsha.co.jp/support/contact
●乱丁・落丁など製造不良品の交換・ご注文につきましては下記にて承ります。
【電話】0120-326-615
(土・日・祝日を除く10:00～17:00)

PP